언어와 철학

비트겐슈타인과 함께하는 언어 공부

작테(sagte)

호호북앤드림

목차

안녕하십니까.

저는 작테(sagte)라는 필명으로 활동하고 있습니다.

제가 선택한 이 필명은 독일어 'sagte'에서 가져온 것입니다. 'sagte'는 독일어 동사 'sagen(말하다)'의 과거형으로, '그/그녀가 말했다'라는 뜻을 가지고 있습니다. 독일어에서 'sagen'은 정보를 전달하거나 의견을 표현할 때 사용하는 기본적인 동사로, 일상 대화부터 문학, 공식적인 발표에 이르기까지 다양한 상황에서 활용됩니다.

언어를 통해 세상을 이해하고 표현한다는 비트겐슈타인의 철학처럼, 저 역시 언어가 가진 힘과 아름다움에 매료되어 이 필명을 선택하게 되었습니다. '말했다'라는 과거형을 통해 이미 전해진 지혜들을 되새기고, 동시에 새로운 이야기를 시작하고자 하는 마음을 담았습니다.

제가 처음 접한 외국어는 당연히 우리나라 교육과정에 포함되어 있는 영어였습니다. 하지만 언어에 대한 관심이 깊어지면서 자연스럽게 다른 언어들로 눈을 돌리게 되었습니다.

현재 가장 열심히 공부하고 있는 언어는 일본어입니다. 일본어를 통해 한자문화권의 언어적 특성과 미묘한 경어 체계, 그리고 문화적 맥락을 이해하는 즐거움을 느끼고 있습니다. 한자 공부를 기반으로 하여 중국어 학습에도 도전하고 있으며, 전혀 다른 언어 계통인 스페인어까지 공부 범위를 넓혀가고 있습니다. 각각의 언어가 가진 고유한 논리 구조와 표현 방식을 탐구하면서, 언어가 사고에 미치는 영향에 대해 깊이 생각하게 됩니다.

언어를 배운다는 것은 단순히 새로운 의사소통 도구를 익히는 것이 아니라, 새로운 세계관을 받아들이고 자신의 사고의 지평을 넓히는 일이라고 생각합니다. 이 책을 통해 독자 여러분도 언어가 가진 무한한 가능성을 함께 탐험해보는 기회를 가지길 바랍니다.

— 작테(sagte)

언어의 한계가 내 세계의 한계이다.

Die Grenzen meiner Sprache bedeuten die Grenzen meiner Welt.

20세기 가장 영향력 있는 철학자 중 한 명인 루트비히 비트겐슈타인의 이 말은 언어와 우리의 삶이 얼마나 밀접하게 연결되어 있는지를 보여줍니다.

우리는 언어로 사고하고, 언어로 소통하며, 언어로 세상을 이해합니다. 그렇다면 새로운 언어를 배운다는 것은 단순히 새로운 의사소통 도구를 익히는 것일까요? 아니면 그보다 훨씬 더 깊은 의미가 있을까요?

본 저서는 비트겐슈타인의 언어철학을 출발점으로 하여, 외국어 학습과 언어에 대한 새로운 관점을 제시하고자 합니다. 철학적 사유와 실용적 지혜가 만나는 지점에서, 언어가 우리에게 가져다주는 무한한 가능성을 탐험해보겠습니다.

현대 사회에서 다중언어 능력은 단순한 선택사항이 아닌 필수역량이 되었습니다. 세계화가 진행되면서 서로 다른 문화와 언어를 가진 사람들 과의 소통이 일상이 되었고, 이러한 환경에서 언어는 단순한 의사소통 도구를 넘어서 문화적 다리 역할을 하고 있습니다.

특히 한국의 젊은 세대들은 전례 없는 언어 학습 열풍을 경험하고 있습니다. K-팝과 K-드라마의 세계적 인기로 인해 한국어를 배우려는 외국인들이 급증하고 있으며, 동시에 한국인들도 영어, 중국어, 일본어 등 다양한 외국어를 학습하고 있습니다. 이러한 현상은 단순한 유행을 넘어서 언어가 가진 본질적 힘을 보여주는 사례라고 할 수 있습니다.

하지만 많은 학습자들이 언어 학습 과정에서 좌절을 경험합니다. 문법의 복잡성, 발음의 어려움, 문화적 차이에서 오는 혼란 등이 그 원인입니다. 이러한 어려움은 언어를 단순히 규칙의 집합으로 보는 관점에서 비롯됩니다. 본 저서는 이러한 관점을 넘어서 언어를 살아있는 문화의 표현이자, 사고의 틀이며, 세계를 이해하는 방식으로 바라보는 새로운 시각을 제시합니다.

비트겐슈타인은 "말할 수 없는 것에 관해서는 침묵해야 한다"고 했지만, 역설적으로 이는 말할 수 있는 영역을 확장하는 것의 중요성을 강조하는 말이기도 합니다. 새로운 언어를 배울 때마다 우리가 말할 수 있는 영역이 넓어지고, 그만큼 우리의 세계도 확장됩니다.

본 저서는 다음과 같은 구성으로 이루어져 있습니다.
먼저 비트겐슈타인의 언어철학을 통해 언어의 본질적 특성을 탐구합니다. 이어서 언어와 문화의 불가분한 관계를 살펴보고, 외국어 학습에 대한 두려움을 극복하는 방법을 제시합니다. 또한 언어의 다층적 구조와 전문 영역별 특성을 분석하며, 마지막으로 다중언어 능력이 가져다주는 자유와 가능성에 대해 논의합니다.

따라서, 대부분의 비 한국어적 표현은 원어로 기본 작성함을 알립니다. 이는 본 책의 기초 골조인 각 언어와 문화에 대한 존중을 표현하기 위함으로 이 점 유의하며 읽어 나가시길 바랍니다.

이 책이 언어 학습자들에게는 새로운 동기부여를, 교육자들에게는 효과적인 교육 방법론을, 일반 독자들에게는 언어와 사고에 대한 깊은 통찰을 제공하기를 희망합니다.

언어는 단순히 정보를 전달하는 도구가 아니라, 우리의 사고를 형성하고 세계를 구성하는 창조적 힘입니다. 이러한 언어의 힘을 이해하고 활용할 때, 우리는 더 풍부하고 의미 있는 삶을 살 수 있을 것입니다.

마지막으로, 본 저서의 집필 과정에서 도움을 주신 모든 분들께 감사의 말씀을 드립니다. 특히 언어학과 철학의 경계를 넘나드는 학제간 연구의 중요성을 일깨워주신 여러 선학들과 현재도 많은 고생을 하고 계신 학자분들의 연구에 깊은 빚을 지고 있음을 밝힙니다.

1장

비트겐슈타인과 언어의 세계

루트비히 비트겐슈타인(Ludwig Wittgenstein, 1889-1951)은 20세기 철학사에서 가장 독특하고 영향력 있는 인물 중 하나입니다. 그는 초기 저작인 『논리-철학 논고』에서 언어를 세계의 '그림'으로 보며, 언어가 현실을 구조화하고 반영하는 방식에 주목하였습니다. 이후 후기 저작인 『철학적 탐구』에서는 언어의 의미가 고정된 정의에 있는 것이 아니라, 사용되는 맥락 속에서 결정된다는 점을 강조하며 '언어 게임'이라는 개념을 제시하였습니다. 비트겐슈타인의 언어철학은 철학, 언어학, 교육학 등 다양한 분야에 영향을 주었으며, 특히 언어 학습의 목적과 방법에 대해 새로운 관점을 제공합니다.

　비트겐슈타인의 언어철학을 이해하는 것은 단순히 철학적 지식을 쌓는 것이 아닙니다. 그것은 언어를 통해 세계를 이해하고, 언어 학습의 본질을 파악하며, 더 나아가 인간의 사고 자체를 성찰하는 과정입니다. 따라서 외국어를 배우는 일은 새로운 언어 구조를 익히는 것뿐만 아니라, 새로운 사고방식을 받아들이고 세계를 확장하는 경험이 됩니다.

1-1
언어가 세계를 그리는 방법

비트겐슈타인은 그의 초기 저작 『논리-철학 논고』(Tractus Logico-Philosophicus)에서 언어를 세계의 '그림'이라고 표현했습니다. 이 그림 이론(Picture Theory)은 언어와 현실의 관계에 대한 혁신적인 관점을 제시합니다.

그림 이론에 따르면, 마치 우리가 그림을 보고 그것이 나타내는 상황을 이해하듯이 언어도 현실의 그림 역할을 합니다. 이는 단순히 철학적 은유가 아닙니다. 실제로 현대 언어학 연구에 따르면, 우리가 사용하는 언어는 우리가 세상을 인식하고 이해하는 방식에 직접적인 영향을 미친다고 합니다.

언어와 현실의 이러한 관계는 외국어 학습에 중요한 시사점을 제공합니다. 새로운 언어를 배운다는 것은 단순히 새로운 어휘와 문법 규칙을 암기하는 것이 아니라, 그 언어가 그려내는 세계의 그림을 이해하는 과정입니다.

예를 들어, 에스키모족이 눈을 표현하는 다양한 단어를 가지고 있다는 이야기는 과장된 면이 있지만, 언어가 특정 영역에 대한 세밀한 구분을 가능하게 한다는 점은 분명합니다.

일본어의 경우, 한국어보다 훨씬 세분화된 경어 체계를 가지고 있어, 화자와 청자 간의 미묘한 관계와 상황을 언어로 표현할 수 있습니다.

독일어에는 'Schadenfreude'라는 단어가 있습니다. 이는 손해를 의미하는 'Schaden'과 기쁨을 의미하는 'Freude'가 합쳐진 독일식 합성어로, 다른 사람의 불행을 보며 느끼는 은밀한 즐거움을 뜻하는데, 한국어나 영어에는 이를 정확히 표현하는 단일 단어가 없습니다.

이러한 언어적 차이는 여러 단어를 조합하여 단어를 만들어가는 독일어의 체계적 특징도 있지만, 단순한 어휘의 차이가 아니라, 그 언어를 사용하는 문화권에서 특정 감정이나 개념에 대해 갖는 관심과 인식의 차이를 반영합니다.

현대 인지언어학의 연구 결과에 따르면, 언어는 우리의 사고를 단순히 표현하는 도구가 아니라, <u>사고 자체를 형성하는 역할</u>을 합니다. 이는 비트겐슈타인의 그림 이론과 일맥상통하는 부분이 있습니다.

언어가 현실의 그림이라면, 서로 다른 언어는 서로 다른 방식으로 현실을 그려내며, 그 결과 언어 사용자들은 서로 다른 방식으로 세계를 인식하게 됩니다. 이러한 관점에서 볼 때, 외국어 학습은 단순한 의사소통 기능 습득을 넘어서는 의미를 갖습니다. 그것은 새로운 세계관을 습득하는 과정이며, 기존의 사고 틀을 확장하는 지적 모험입니다.

최근의 언어교육 연구에 따르면, 문법 교육에서 사회언어학적 접근을 도입할 때, 학습자들이 단순히 문법 규칙을 암기하는 것을 넘어서 언어의 문화적 맥락까지 이해하게 된다고 합니다. 이는 비트겐슈타인이 말한 언어의 그림 기능을 실증적으로 보여주는 사례라 할 수 있습니다.

언어가 세계를 그리는 방식을 이해함으로 우리 같은 언어 학습자들은 여러 실용적인 이점들을 얻을 수 있습니다.

첫째, 언어 학습에 대한 새로운 동기부여를 제공합니다.

언어를 단순한 도구가 아닌 새로운 세계를 탐험하는 열쇠로 인식하게 되면, 학습 과정에서 느끼는 어려움도 더 의미 있는 도전으로 받아들일 수 있습니다.

둘째, 문법과 어휘 학습에 대한 접근 방식이 달라집니다.

단순 암기가 아닌 그 언어가 세계를 구조화하는 방식을 이해하려는 노력으로 학습 활동이 전환됩니다.

셋째, 문화적 맥락에 대한 이해가 자연스럽게 동반됩니다.

언어가 그려내는 세계의 그림에는 그 문화의 가치관과 세계관이 반영되어 있기 때문입니다.

넷째, 모국어에 대한 성찰적 이해도 깊어집니다.

다른 언어의 그림을 보면서 자신의 언어가 그려내는 세계의 특성도 더 명확하게 인식할 수 있게 됩니다.

1-2

말할 수 있는 것과 말할 수 없는 것

비트겐슈타인의 가장 유명한 문장 중 하나는 "말할 수 없는 것에 관해서는 침묵해야 한다" Wovon man nicht sprechen kann, darüber muß man schweigen 입니다. 이는 『논리-철학 논고』의 마지막 명제로, 그의 전기 철학의 핵심을 담고 있습니다.

이 명제는 언어의 한계를 인정하는 동시에, 언어가 가진 명확성의 중요성을 강조하는 말입니다. 비트겐슈타인에 따르면, 언어로 의미 있게 표현할 수 있는 것은 논리적으로 가능한 사실들뿐입니다. 윤리학, 미학, 종교적 가치와 같은 영역은 언어로 직접 표현될 수 없는 영역에 속합니다.

하지만 이것이 이러한 영역들이 무의미하다는 뜻은 아닙니다. 오히려 비트겐슈타인은 이러한 것들이 "드러난다 (sich zeigen)"고 표현했습니다. 즉, 말로는 표현할 수 없지만 우리의 삶과 경험을 통해 나타나는 것들이 있다는 인식입니다.

외국어 학습에서도 이와 유사한 현상을 경험할 수 있습니다. 우리는 때로 모국어로는 쉽게 표현할 수 있는 것을 외국어로는 정확히 표현하지 못하는 답답함을 경험합니다. 하지만 이는 실패가 아닙니다. 언어마다 고유한 표현 영역과 한계가 있음을 인정하고, 그 안에서 최대한 명확하고 정확하게 소통하려는 노력이야말로 진정한 언어 학습의 시작입니다.

예를 들어, 한국어의 '정(情)'이라는 개념을 영어로 번역하려고 할 때, 'affection', 'attachment', 'sentiment' 등의 단어를 사용할 수 있지만, 한국어 '정'이 가진 복합적이고 미묘한 의미를 완전히 포착하기는 어렵습니다. 이는 언어적 한계이자 동시에 각 언어가 가진 고유성과 풍부함을 보여주는 사례이기도 합니다.

비트겐슈타인의 "말할 수 없는 것"에 대한 인식은 언어 학습자들에게 다음과 같은 통찰을 제공합니다.

첫째, 완벽한 번역의 불가능성을 인정하는 것입니다.

모든 언어적 표현이 다른 언어로 완벽하게 옮겨질 수 있다는 환상을 버리고, 각 언어의 고유성을 존중하는 태도를 기르는 것이 중요합니다.

둘째, 언어 학습의 목표를 재설정하는 것입니다.

완벽한 구사보다는 효과적인 소통을 목표로 삼고, 언어의 한계 내에서 최선을 다하는 것이 현실적이고 건전한 접근법입니다.

셋째, 비언어적 소통의 중요성을 인식하는 것입니다.

말로 표현할 수 없는 것들은 몸짓, 표정, 맥락 등을 통해 드러날 수 있습니다. 진정한 의사소통은 언어적 표현과 비언어적 표현의 조화를 통해 이루어집니다.

넷째, 문화적 체험의 중요성을 깨닫는 것입니다.

어떤 문화적 개념들은 직접 경험해보지 않고는 이해하기 어렵습니다. 언어 학습은 단순한 지식 습득이 아니라 문화적 체험을 통한 전인적 이해 과정입니다.

현대 기호학 연구에 따르면, 언어는 단순한 의사소통 도구를 넘어서 은유, 상징, 기호의 복합적 체계입니다. 우리가 언어를 배운다는 것은 이러한 다층적 의미 구조를 이해하고 활용하는 능력을 기르는 것입니다.

특히 예술과 문학의 언어는 '말할 수 없는 것을 드러내는' 대표적인 사례입니다. 시나 소설에서 직접적으로 표현되지 않지만 행간에서 느껴지는 감정이나 분위기, 상징적 의미들이 바로 그것입니다. 외국어로 된 문학 작품을 읽을 때 우리가 경험하는 미묘한 감동이나 깨달음은 언어의 한계를 뛰어넘는 소통의 경험이라고 할 수 있습니다.

이러한 관점에서 볼 때, 외국어 학습자가 겪는 표현의 어려움이나 이해의 한계는 단순한 실력 부족이 아닙니다. 그것은 언어의 본질적 특성에서 비롯되는 자연스러운 현상입니다. 이를 인정하고 받아들일 때, 우리는 언어 학습에 대해 더 건전하고 현실적인 태도를 가질 수 있습니다.

또한 '말할 수 없는 것'에 대한 인식은 언어 학습의 깊이를 더해줍니다. 단순히 정보를 전달하는 수준을 넘어서, 감정을 나누고, 미묘한 뉘앙스를 전달하며, 문화적 감수성을 기르는 것이 언어 학습의 진정한 목표가 됩니다.

1-3

언어 게임의 철학적 의미

비트겐슈타인의 후기 철학에서 가장 중요한 개념 중 하나는 '**언어 게임**(Sprachspiel, Language Game)'입니다. 이 개념은 그의 『철학적 탐구』(Philosophical Investigations)에서 본격적으로 전개되며, 언어의 사용과 의미에 대한 혁신적인 관점을 제시합니다.

언어 게임이라는 개념은 언어 사용이 특정한 규칙과 맥락에서 이루어지는 활동임을 강조합니다. 마치 체스나 축구 같은 게임이 일정한 규칙을 가지고 있듯이, 언어 사용도 특정한 '게임의 규칙'을 따릅니다. 하지만 언어 게임의 규칙은 체스의 규칙처럼 명시적이고 고정된 것이 아니라, 상황과 맥락에 따라 유동적으로 변화하는 특성을 가집니다.

비트겐슈타인은 언어의 의미가 사전적 정의에서 나오는 것이 아니라, 실제 사용 맥락에서 형성된다고 보았습니다.

그의 유명한 말 "단어의 의미는 언어에서의 그것의 사용에 있다(Die Bedeutung eines Wortes ist sein Gebrauch in der Sprache)"는 이러한 관점을 잘 보여줍니다.

외국어 학습의 관점에서 볼 때, 언어 게임 이론은 매우 중요한 시사점을 제공합니다. 새로운 언어를 배운다는 것은 새로운 '게임의 규칙'을 익히는 과정으로 이해할 수 있습니다. 이때 중요한 것은 규칙 자체를 암기하는 것이 아니라, 그 규칙이 어떤 상황에서 어떻게 적용되는지를 이해하는 것입니다.

예를 들어, 영어의 'How are you?'라는 표현을 생각해 보겠습니다. 사전적으로는 "어떻게 지내십니까?"라는 의미이지만, 실제 영어권 문화에서는 단순한 인사말로 사용되는 경우가 많습니다. 이때 상대방은 자신의 근황을 자세히 설명하기보다는 'Fine, thank you'와 같은 관례적 응답을 하는 것이 일반적입니다. 이는 바로 영어권 문화의 특정한 언어 게임 규칙을 보여주는 사례입니다.

반면 한국어의 "요즘 어떻게 지내세요?"는 상황에 따라 진정한 관심 표현일 수도 있고, 단순한 인사말일 수도 있습니다. 이를 구분하는 것은 맥락, 화자와 청자의 관계, 상황 등 다양한 요소들입니다. 이러한 미묘한 차이를 이해하는 것이 바로 언어 게임의 규칙을 익히는 과정입니다.

언어 게임 이론은 다음과 같은 측면에서 외국어 학습에 도움을 줍니다.

첫째, 맥락적 학습의 중요성을 강조합니다.

단어나 문법을 고립된 상태로 암기하는 것이 아니라, 실제 사용 맥락에서 학습하는 것이 효과적입니다.

둘째, 문화적 이해의 필요성을 알려줍니다.

언어 게임의 규칙은 그 언어를 사용하는 문화 공동체의 관습과 밀접하게 연결되어 있습니다.

셋째, 실용적 접근의 정당성을 제공합니다.

완벽한 문법적 정확성보다는 효과적인 소통을 우선시하는 접근법이 언어 게임 이론과 일치합니다.

넷째, 언어의 다양성과 창조성을 인정합니다.

언어 게임은 고정된 것이 아니라 계속 변화하고 진화하는 것이므로, 학습자도 능동적으로 언어 사용에 참여할 수 있습니다.

현대 언어교육에서 주목받고 있는 **의사소통 중심 언어교육(Communicative Language Teaching)**은 바로 이러한 언어 게임 이론의 영향을 받은 것으로 볼 수 있습니다. 이 접근법은 언어를 사회적 상호작용의 도구로 보고, 실제 상황에서의 의사소통 능력 향상을 목표로 합니다.

또한, 언어 게임 이론은 **언어 변화와 진화**에 대한 이해도 제공합니다. 언어는 살아있는 유기체와 같아서 시대와 상황에 따라 계속 변화합니다. 인터넷과 소셜미디어의 발달로 등장한 새로운 언어 현상들(이모티콘, 줄임말, 신조어 등)도 새로운 언어 게임의 등장으로 이해할 수 있습니다.

언어 게임의 관점에서 볼 때, 외국어 학습자는 단순한 수동적 학습자가 아니라 능동적인 게임 참여자입니다.

기존의 규칙을 익히는 동시에, 새로운 상황에서 창조적으로 언어를 사용하고, 때로는 새로운 게임 방식을 제안할 수도 있습니다.

이러한 관점은 언어 학습에서 실수나 오류에 대한 태도도 바꿔줍니다. 실수는 단순한 잘못이 아니라 새로운 언어 게임 규칙을 실험해보는 과정으로 이해할 수 있습니다. 물론 효과적인 소통을 위해서는 기본적인 규칙을 익혀야 하지만, 창조적이고 유연한 언어 사용도 언어 게임의 중요한 측면입니다.

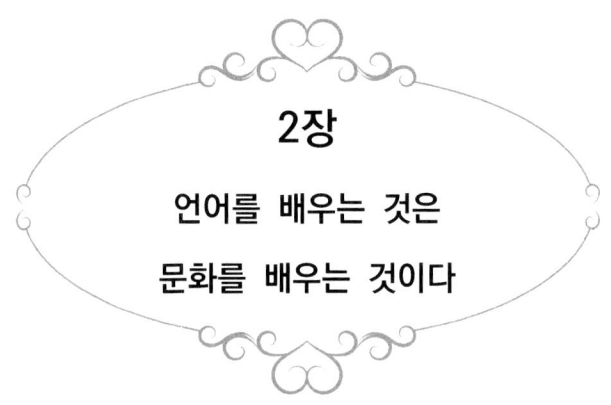

2장

언어를 배우는 것은
문화를 배우는 것이다

 언어와 문화는 분리할 수 없는 관계에 있습니다. 언어는 단순히 정보를 전달하는 도구가 아니라, 그 언어를 사용하는 공동체의 세계관, 가치관, 사고방식을 담고 있는 문화의 핵심적 구성요소입니다. 따라서 외국어를 배운다는 것은 단순히 새로운 의사소통 수단을 익히는 것을 넘어서 새로운 문화를 이해하고 체험하는 과정이라고 할 수 있습니다.

 이 장에서는 언어와 문화의 밀접한 관계를 다각도로 탐구하고, 언어 학습이 문화 학습과 어떻게 연결되어 있는지를 살펴보겠습니다. 사회언어학적 관점에서 언어 사용의 사회적 맥락을 분석하고, 언어 학습을 통한 문화적 정체성 형성 과정에 대해서도 논의하겠습니다.

2-1
언어 속에 숨겨진 문화의 DNA

언어는 그 언어를 사용하는 공동체의 문화를 고스란히 담고 있는 그릇과 같습니다. 단어 하나하나에는 그 민족의 역사와 가치관, 세계관이 스며들어 있으며, 문법 구조와 표현 방식에는 그 문화의 사고 패턴이 반영되어 있습니다. 이러한 관점은 사실 새로운 것이 아닙니다.

18세기 독일의 철학자 요한 고트프리트 헤르더(Johann Gottfried Herder)는 이미 언어가 민족의 정신을 담는 그릇이라고 보았습니다. 19세기에는 빌헬름 폰 훔볼트(Wilhelm von Humboldt)가 언어가 사고를 형성한다는 언어상대성 가설의 기초를 마련했습니다.

20세기에 들어서는 에드워드 사피르(Edward Sapir)와 벤자민 리 워프(Benjamin Lee Whorf)가 사피르-워프 가설을 통해 언어가 사고와 인식에 미치는 영향을 체계적으로 연구했습니다. 이들의 연구에 따르면, 서로 다른 언어를 사용하는 사람들은 세계를 서로 다른 방식으로 인식하고 분류합니다.

앞의 예를 다시 보면, 한국어의 '정(情)'이라는 개념을 살펴보겠습니다. 이 단어는 영어나 다른 언어로 완전히 번역하기 어려운 독특한 문화적 개념입니다. '정'은 단순한 감정이나 애정을 넘어서, 한국 문화의 핵심적인 인간관계 형성 원리를 담고 있습니다. 이는 서구의 개인주의적 문화와는 다른 집단주의적, 관계 중심적 문화의 특성을 반영합니다.

마찬가지로 일본어의 '와비사비(侘寂)'는 불완전함 속에서 발견하는 아름다움이라는 독특한 미적 개념을 담고 있습니다. 이는 완벽함을 추구하는 서구적 미의식과는 다른 일본 고유의 미적 감수성을 보여줍니다.

와비사비(侘寂)는 일본어 '와비(侘)'와 '사비(寂)'의 합성어로, 侘(와비)는 본래는 '외롭고 초라하다'는 부정적 의미였으나, 시간이 지나면서 검소하고 자연스러운 삶을 긍정하는 태도를 뜻하게 되었고, '있는 그대로의 부족함을 받아들이는 마음'으로 해석할 수 있습니다.

寂(사비)는 '쓸쓸하고 고요하다'는 뜻으로, 시간이 지나 낡고 바래진 것에서 고요한 아름다움과 깊이를 느끼는 감성을 말합니다. 즉, 와비사비는 완벽하지 않음 속에서 자연스러운 조화와 진정한 아름다움을 발견하는 삶의 태도를 말하며, 균형보다는 불균형, 새로움보다는 낡음, 화려함보다는 여백을 귀하게 여기는 철학입니다. 현대 사회의 슬로우 라이프, 미니멀리즘, 지속 가능성의 의미와 맞닿아 단지 아름다움의 기준이 아닌 삶의 태도로 재조명 되고 있습니다.

독일어의 'Gemütlichkeit'는 아늑함, 편안함, 느긋함이 복합된 개념으로, 독일 문화의 가정적이고 공동체적인 가치관을 반영합니다.

독일어 'Gemüt(게뮈트)'은 '마음'이나 '감정'을 뜻하며, 여기에 형용사형 접미사 '-lich'(…스러운), 그리고 명사형 접미사 '-keit'(…함)이 더해져 만들어졌습니다. 직역하면 '마음스러움' 또는 '감정의 따뜻함' 정도가 됩니다.

즉, Gemütlichkeit는 단순히 육체적인 편안함이 아니라, 마음 깊숙한 곳에서 느끼는 편안함과 만족감을 뜻하며, 그것은 혼자 있을 때의 평온함일 수도 있고, 사랑하는 이들과 함께할 때 느껴지는 따뜻한 분위기일 수도 있습니다. 예를 들어, 겨울 저녁 촛불이 켜진 방 안에서 담요를 덮고 따뜻한 차를 마시며 친구와 조용히 이야기를 나누는 순간, 바로 그 정서적 감각이 Gemütlichkeit입니다.

이러한 개념들은 각각의 문화적 맥락 없이는 진정한 의미 파악하기 어렵습니다.

언어 속에 숨겨진 **문화의 DNA**는 다음과 같은 여러 층위에서 발견할 수 있습니다.

첫째, 어휘 층위에서의 문화적 반영입니다.
특정 문화에서 중요하게 여기는 개념일수록 더 세분화된 어휘를 가지게 됩니다. 한국어의 다양한 '밥' 관련 어휘(아침밥, 점심밥, 저녁밥, 새참, 야식 등)는 식사를 중시하는 한국 문화의 특성을 보여줍니다.

둘째, 문법 구조에서의 문화적 반영입니다.
한국어와 일본어의 복잡한 경어 체계는 위계질서와 예의를 중시하는 동아시아 문화의 특성을 반영합니다. 반면 영어의 상대적으로 단순한 경어 체계는 평등주의적 문화의 영향을 보여줍니다.

셋째, 언어 사용 양식에서의 문화적 반영입니다.

한국어의 간접적이고 우회적인 표현 방식(눈치, 암시 등)은 직접적 표현을 피하고 상대방의 체면을 고려하는 문화적 특성을 반영합니다.

넷째, 관용 표현과 속담에서의 문화적 반영입니다.

"금강산도 식후경"이라는 한국 속담은 실용성을 중시하는 한국인의 가치관을 보여주며, "The early bird catches the worm"(일찍 일어난 새가 벌레를 잡는다)이라는 영어 속담은 개인의 노력과 경쟁을 중시하는 서구 문화의 특성을 반영합니다.

다섯째, 색채어와 공감각적 표현에서의 문화적 반영입니다.

각 문화는 색깔에 대해 서로 다른 상징적 의미를 부여합니다. 한국어에서 '빨간색'은 좋은 의미와 나쁜 의미를 모두 가질 수 있지만, 서구 문화에서 빨간색은 주로 위험이나 열정을 상징합니다.

현대 언어교육 연구에서는 이러한 언어와 문화의 관계를 인정하고, 문화적 맥락을 포함한 통합적 언어교육의 중요성이 강조되고 있습니다. 일본어 교육 분야의 최근 연구에 따르면, 일본어 학습자들이 문법만을 기계적으로 학습했을 때보다 문화적 맥락과 사회적 배경을 함께 학습했을 때 훨씬 높은 의사소통 능력을 보인다고 합니다.

이는 언어 학습이 단순한 규칙 암기가 아닌 문화적 이해의 과정임을 시사합니다. 언어 학습자가 단어의 사전적 의미만을 아는 것과 그 단어가 가진 문화적 의미와 사용 맥락까지 이해하는 것 사이에는 큰 차이가 있습니다.

영어 단어 'Home'과 'House'의 차이를 이해하기 위해서는 서구 문화에서 '가정'이 가지는 감정적, 심리적 의미를 알아야 합니다. 'House'는 물리적 건물을 의미하지만, 'Home'은 감정적 안식처라는 의미를 포함합니다.

"Home is where the heart is(마음이 머무는 곳이 곧 집이다)"라는 표현은 물리적인 장소나 집의 형태가 중요한 것이 아니라, 사랑하는 사람과 함께하고 정서적 유대감이 있는 곳이 진짜 집이라는 의미를 담고 있습니다.

또한 한국어의 '우리'라는 표현도 흥미로운 사례입니다. "우리 어머니", "우리 학교" 같은 표현에서 '우리'는 실제로 공유하지 않는 것에도 사용되는데, 이는 개인보다 공동체를 중시하는 한국 문화의 특성을 반영합니다.

언어 속에 숨겨진 문화의 DNA를 이해하는 것은 외국어 학습자에게 다음과 같은 이점을 제공합니다.

첫째, 언어 학습에 대한 동기 증진입니다.

언어를 단순한 도구가 아닌 살아있는 문화의 표현으로 인식할 때, 학습 과정이 더욱 흥미롭고 의미 있게 느껴집니다.

둘째, 더 자연스럽고 적절한 언어 사용 능력의 향상입니다.

문화적 맥락을 이해하면 상황에 맞는 표현을 선택할 수 있게 됩니다.

셋째, 문화 간 의사소통 능력의 향상입니다.

언어 뒤에 숨어있는 문화적 가정들을 이해하면 오해를 줄이고 더 효과적인 소통이 가능합니다.

넷째, 비판적 사고력의 향상입니다.

자신의 언어와 문화를 상대화해서 볼 수 있는 능력이 생기고, 다양한 관점에서 세상을 바라볼 수 있게 됩니다.

2-2

사회언어학적 관점에서 본 언어 학습

사회언어학(Sociolinguistics)은 언어와 사회의 상호작용을 연구하는 학문 분야입니다. 이 분야의 연구에 따르면, 언어 사용은 화자의 사회적 지위, 교육 수준, 지역적 배경, 나이, 성별, 직업 등에 따라 달라집니다. 이러한 관점은 외국어 학습에서도 중요한 시사점을 제공합니다.

사회언어학의 창시자 중 하나인 윌리엄 라보프(William Labov)는 뉴욕시의 방언 연구를 통해 언어 변이가 사회적 계층과 밀접한 관련이 있음을 보여주었습니다.

그의 연구는 언어가 단순히 의사소통의 도구가 아니라 사회적 정체성을 나타내는 중요한 표지임을 입증했습니다.

외국어 학습의 맥락에서 **사회언어학적 관점**은 다음과 같은 중요한 인식을 제공합니다.

첫째, 언어의 변이성(Language Variation)에 대한 이해입니다.

같은 언어라도 지역, 사회 계층, 상황에 따라 다르게 사용됩니다. 예를 들어, 미국 영어와 영국 영어의 차이, 서울 방언과 부산 방언의 차이 등이 이에 해당합니다.

영어의 경우만 살펴봐도 매우 다양한 변종이 존재합니다. 미국 영어 내에서도 동부와 서부, 남부와 북부의 차이가 있으며, 이는 단순히 발음의 차이를 넘어서 어휘와 문법 사용에서도 나타납니다. 영국 영어 역시 RP(Received Pronunciation)부터 다양한 지역 방언까지 폭넓은 스펙트럼을 보입니다.

한국어를 배우는 외국인들도 이러한 지역적 변이를 경험합니다. 서울 표준어와 경상도 방언, 전라도 방언의 차이는 단순히 억양의 차이를 넘어서 어휘와 문법 구조에서도 상당한 차이를 보입니다. 이러한 변이성을 이해하는 것은 언어의 풍부함을 인식하는 동시에, 학습 목표를 명확히 하는 데 도움이 됩니다.

둘째, 언어의 사회적 기능에 대한 이해입니다.

언어는 정보 전달 기능 외에도 사회적 정체성 표현, 집단 소속감 형성, 권력 관계 표현 등의 기능을 수행합니다.

이는 경어법의 사용에서 잘 드러납니다. 한국어와 일본어의 복잡한 경어 체계는 단순히 예의를 표현하는 것을 넘어서 화자와 청자 간의 사회적 관계를 정의하고 유지하는 역할을 합니다. 나이, 사회적 지위, 친밀도, 상황의 격식성 등이 모두 경어 선택에 영향을 미칩니다.

영어권에서도 formal register(격식표현)와 informal register(비격식표현)의 구분이 있습니다. 'How do you do?'와 'What's up?'의 차이는 단순히 표현의 차이가 아니라 사회적 맥락에 대한 이해를 반영합니다.

셋째, 언어와 정체성의 관계에 대한 이해입니다.

사람들은 언어 사용을 통해 자신의 사회적 정체성을 표현하고 협상합니다. 특히 다문화 사회에서 중요한 의미를 갖습니다.

코드 스위칭(Code-switching) 현상이 대표적인 예입니다. 이중언어 사용자들이 상황과 대화 상대에 따라 언어를 바꿔가며 사용하는 것은 단순히 언어적 편의성 때문이 아니라, 자신의 정체성을 전략적으로 표현하기 위한 것입니다. 한국계 미국인이 가족과 대화할 때는 한국어를, 직장에서는 영어를 사용하는 것은 각각의 맥락에서 요구되는 정체성을 적절히 표현하기 위한 것입니다. 이때 언어 선택은 문화적 소속감과 실용적 필요성이 복합적으로 작용한 결과입니다.

넷째, 언어 태도(Language Attitudes)와 언어 이데올로기에 대한 이해입니다.

사람들은 특정 언어나 방언에 대해 긍정적 또는 부정적 태도를 가지며, 이는 사회적 편견과 연결되어 있습니다.

예를 들어, 영어에 대한 한국 사회의 태도는 매우 복합적입니다. 한편으로는 국제적 소통과 사회적 성공을 위한 필수 도구로 인식되지만, 다른 한편으로는 언어 제국주의나 문화적 종속의 상징으로 비판 받기도 합니다.

이러한 언어 태도는 학습 동기와 학습 성과에 직접적인 영향을 미칩니다. 특정 언어에 대한 긍정적 태도는 학습 동기를 높이지만, 부정적 태도는 학습 저항으로 이어질 수 있습니다.

사회언어학적 관점은 언어교육 방법론에도 중요한 시사점을 제공합니다.

첫째, 맥락 중심 교육의 중요성입니다.

언어는 사회적 맥락에서 사용되므로, 실제 사용 상황을 고려한 교육이 필요합니다. 단순히 문법 규칙을 암기하는 것이 아니라, 언제, 어디서, 누구와, 왜 그러한 표현을 사용하는지를 함께 가르쳐야 합니다.

둘째, 변이성을 고려한 교육입니다.

표준어만을 가르치는 것이 아니라, 지역적, 사회적 변이에 대한 이해도 필요합니다. 이는 학습자가 실제 언어 사용 상황에서 겪을 수 있는 혼란을 줄이는 데 도움이 됩니다.

셋째, 사회문화적 능력 개발입니다.

언어적 정확성 뿐만 아니라 사회적으로 적절한 언어 사용 능력을 기르는 것이 중요합니다.

넷째, 비판적 언어 인식 교육입니다.

언어가 사회적 권력 관계와 어떻게 연결되어 있는지, 언어 사용이 어떤 사회적 의미를 갖는지에 대한 비판적 사고력을 기르는 것입니다.

최근 이문화간 커뮤니케이션 연구에서는 언어 학습자가 목표 언어의 문화적 배경을 이해할 때, 단순한 언어적 정확성을 넘어서 진정한 소통 능력을 기를 수 있다고 보고하고 있습니다. 이는 비트겐슈타인이 강조한 언어와 세계관의 밀접한 관계를 실증적으로 뒷받침하는 연구 결과입니다.

사회언어학적 관점에서 볼 때, **성공적인 외국어 학습**은 다음과 같은 요소들을 포함해야 합니다.

1. 목표 언어 공동체의 사회문화적 맥락에 대한 이해
2. 다양한 언어 변종과 사용 상황에 대한 인식
3. 언어 사용의 사회적 의미와 함의에 대한 민감성
4. 자신의 언어 사용이 타인에게 미치는 영향에 대한 성찰
5. 언어를 통한 정체성 표현과 사회적 관계 형성 능력

이러한 관점은 언어 학습을 단순한 기능 습득이 아닌 사회문화적 참여 과정으로 이해하게 해줍니다. 외국어 학습자는 새로운 언어 공동체의 구성원이 되어가는 과정에서 자신의 정체성을 재구성하고, 새로운 사회적 관계를 형성하며, 다양한 문화적 경험을 축적하게 됩니다.

2-3
문화적 정체성과 언어의 관계

✦ ─── ••• ─── ✧ ─── ••• ─── ✦

언어와 문화적 정체성 간의 관계는 현대 언어학과 문화 인류학의 핵심 주제 중 하나입니다. 언어는 단순히 의사소통의 도구가 아니라, 개인과 집단의 정체성을 형성하고 표현하는 중요한 매개체 역할을 합니다. 이러한 관점에서 외국어 학습은 새로운 정체성을 탐구하고 구성하는 과정으로 이해될 수 있습니다.

문화적 정체성(Cultural Identity)이란 개인이나 집단이 특정 문화에 소속되어 있다는 의식과 그 문화의 가치, 신념, 관습을 내재화해가는 과정을 의미합니다.

언어는 이러한 문화적 정체성의 핵심적 구성요소로서 다음과 같은 역할을 수행합니다.

첫째, 정체성의 표지(Identity Marker) 역할입니다.

사람들은 언어 사용을 통해 자신이 어떤 집단에 속하는지, 어떤 가치관을 가지고 있는지를 표현합니다. 예를 들어, 재일 한국인들의 한국어 사용은 단순히 의사소통을 위한 것이 아니라 한국인으로서의 정체성을 유지하고 표현하는 중요한 수단입니다.

이러한 현상은 한국의 다문화 가정에서도 관찰할 수 있습니다. 한국에 거주하는 외국인 가정에서 모국어를 유지하려는 노력은 자녀들에게 자신들의 문화적 뿌리를 전수하고, 이중 정체성을 형성하게 하려는 의도가 포함되어 있습니다.

둘째, 정체성의 협상(Identity Negotiation) 도구 역할입니다.

현대 사회에서 개인의 정체성은 고정된 것이 아니라 상황과 맥락에 따라 유동적으로 변화합니다. 이때 언어는 이러한 정체성 변화를 표현하고 협상하는 중요한 도구가 됩니다. 예를 들어, 한국계 미국인 2세들은 가정에서는 한국어를, 학교나 직장에서는 영어를 사용하면서 각각의 맥락에서 요구되는 정체성을 적절히 표현합니다. 이는 단순한 언어 선택이 아니라 복합적인 정체성을 관리하는 전략적 행위입니다.

셋째, 정체성의 구성(Identity Construction) 과정입니다.

언어를 배우고 사용하는 과정에서 새로운 정체성이 형성되기도 합니다. 외국어를 유창하게 구사하게 되면서 그 언어와 연결된 문화적 정체성을 부분적으로 내재화하게 되는 것입니다.

K-pop이나 K-drama의 영향으로 한국어를 배우는 외국인들의 경우, 한국어 학습 과정에서 한국 문화에 대한 관심과 애착이 깊어지고, 때로는 한국인적 사고방식이나 행동 양식을 일부 받아들이기도 합니다. 이는 언어 학습이 단순한 기능 습득을 넘어서 새로운 문화적 정체성을 형성하는 과정임을 보여줍니다.

언어와 정체성의 관계는 특히 이중언어 사용자들에게서 복합적으로 나타납니다. 이들은 각각의 언어와 연결된 서로 다른 정체성을 가지며, 상황에 따라 이를 유연하게 전환합니다.

이러한 현상은 '언어적 정체성 분열(Linguistic Identity Split)' 또는 '정체성 다중성(Multiple Identity)'으로 설명됩니다. 예를 들어, 영어로 사고할 때와 한국어로 사고할 때 같은 사람이라도 다른 성격이나 사고 패턴을 보이는 경우가 있습니다. 이는 각 언어가 가진 고유한 문화적 맥락과 사고 틀이 정체성 형성에 영향을 미치기 때문입니다.

문화적 정체성과 언어의 관계는 언어 상실(Language Loss)과 언어 유지(Language Maintenance) 현상에서도 중요하게 나타납니다. 이민자 공동체에서 모국어의 상실은 단순히 언어적 손실이 아니라 문화적 정체성의 위기로 인식되는 경우가 많습니다.

미국의 한인 2세, 3세들 중에는 한국어 능력을 상실하면서 한국 문화에 대한 소속감도 약해지는 경우가 있습니다. 반대로 한국어를 적극적으로 학습하고 유지하려는 노력은 한국인으로서의 정체성을 강화하려는 의도와 연결됩니다.

이러한 현상은 '**언어적 인권**(Linguistic Human Rights)'의 개념과도 연결됩니다. 자신의 모국어를 사용할 권리는 문화적 정체성을 유지할 권리와 직결되며, 이는 인간의 기본적 권리 중 하나로 인식되고 있습니다.

외국어 학습 과정에서 나타나는 정체성 변화는 다음과 같은 단계를 거칩니다.

1단계 : 언어적 호기심 단계

새로운 언어에 대한 관심이 생기고, 그 언어와 연결된 문화에 대한 호기심이 발생합니다.

2단계 : 문화적 탐구 단계

언어 학습과 함께 그 문화의 다양한 측면(음식, 음악, 영화, 문학 등)을 접하고 탐구합니다.

3단계 : 정체성 실험 단계

새로운 언어로 소통하면서 다른 정체성을 실험해보고, 기존 정체성과의 차이를 경험합니다.

4단계 : 정체성 통합 단계

기존 정체성과 새로운 정체성을 조화롭게 통합하거나, 상황에 따라 유연하게 전환하는 능력을 기릅니다.

5단계 : 다중 정체성 수용 단계

복수의 문화적 정체성을 자연스럽게 받아들이고, 이를 풍부한 자산으로 인식합니다.

이러한 과정은 반드시 순차적으로 진행되는 것은 아니며, 개인의 경험과 상황에 따라 다양하게 나타날 수 있습니다.

언어와 정체성의 관계는 특히 다음과 같은 맥락에서 중요합니다.

첫째, 세계화 시대의 개인적 적응 전략입니다.

글로벌 사회에서 성공하기 위해서는 다양한 문화적 맥락에서 효과적으로 소통할 수 있는 능력이 필요하며, 이는 다중 정체성을 유연하게 관리하는 능력과 직결됩니다.

둘째, 문화 간 이해와 소통의 기초입니다.

타문화에 대한 진정한 이해는 그 문화의 언어를 통해서만 가능하며, 이는 상호 문화적 정체성 형성을 통해 달성됩니다.

셋째, 창조적 사고와 혁신의 원천입니다.

서로 다른 문화적 정체성을 가진 사람들은 문제를 다각도로 바라볼 수 있는 능력을 가지며, 이는 창조적 해결책을 찾는 데 도움이 됩니다.

넷째, 글로벌 시민성의 기초입니다.

지구촌 사회의 구성원으로서 다양한 문화를 이해하고 존중하는 태도는 다중 언어 능력과 문화적 정체성의 다양성에서 출발합니다.

현대 사회에서 문화적 정체성은 더 이상 단일하고 고정된 것이 아닙니다. 개인들은 복수의 정체성을 가지며, 이를 상황에 따라 유연하게 활용합니다. 이러한 '유동적 정체성(Fluid Identity)' 또는 '혼종적 정체성(Hybrid Identity)'은 현대인의 일반적 특징이 되고 있습니다.

언어 학습은 이러한 다중 정체성 형성의 중요한 통로입니다. 새로운 언어를 배우는 것은 새로운 자아를 발견하고 개발하는 과정이며, 기존의 자아를 더욱 풍부하게 만드는 경험입니다.

따라서 외국어 교육에서는 단순히 언어적 능력만을 기르는 것이 아니라, 학습자들이 건전한 다문화 정체성을 형성할 수 있도록 도와야 합니다. 이는 자아 정체성에 대한 성찰, 타문화에 대한 개방적 태도, 문화 간 차이에 대한 관용, 다양성의 가치에 대한 인식 등을 포함합니다.

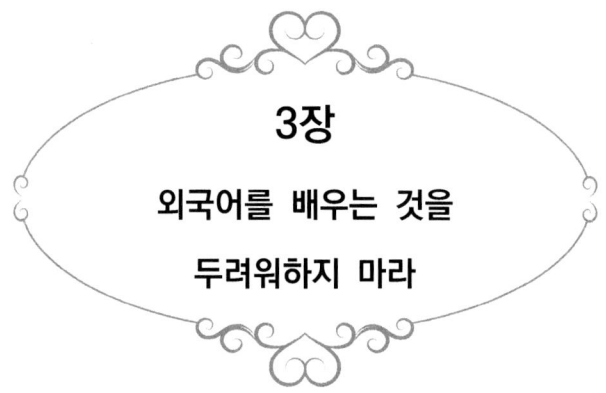

3장

외국어를 배우는 것을
두려워하지 마라

두려움은 잘 모르는 것에서 온다.

알아갈수록 그 공포는 옅어진다.

　외국어 학습에 대한 두려움은 매우 자연스럽고 보편적인 현상입니다. 새로운 언어 체계, 낯선 발음, 다른 문화적 맥락 등은 학습자에게 상당한 부담으로 다가올 수 있습니다. 하지만 이러한 두려움을 이해하고 적절히 관리한다면, 그것은 오히려 성장의 동력이 될 수 있습니다.

　이 장에서는 외국어 학습에 대한 두려움의 근본 원인을 탐구하고, 심리적 장벽을 극복하는 구체적인 방법들을 제시하며, 실패를 통한 학습의 가치에 대해 논의하겠습니다. 비트겐슈타인의 철학적 관점을 바탕으로 언어 학습의 본질을 새롭게 이해하고, 두려움을 넘어서는 용기를 기를 수 있는 방법을 모색해 보겠습니다.

3-1

외국어 학습에 대한 두려움

✦ ─── •••─── ◇ ─── ••• ─── ✦

외국어 학습에 대한 두려움의 가장 근본적인 원인은 '무지'입니다. 여기서 무지란 단순히 지식이 부족하다는 의미가 아니라, 새로운 언어 체계에 대한 이해 부족, 학습 과정에 대한 예측 불가능성, 그리고 실패에 대한 막연한 불안을 의미합니다.

심리학자들의 연구에 따르면, 인간은 본능적으로 예측 불가능한 상황을 회피하려는 경향이 있습니다. 이는 진화론적 관점에서 생존에 유리한 특성이었지만, 현대의 학습 상황에서는 때로 장애요인이 됩니다. 외국어 학습은 본질적으로 불확실성과 예측 불가능성을 포함하고 있기 때문에, 이러한 심리적 반응이 나타나는 것은 자연스러운 현상입니다.

외국어 학습에서 나타나는 무지에서 오는 두려움은 다음과 같이 다양하게 나타나고 있습니다.

첫째, 언어 체계에 대한 두려움입니다.

새로운 언어의 문법, 어휘, 발음 체계는 모국어와 다른 규칙을 가지고 있습니다. 특히 한국어 화자가 영어를 배울 때 겪는 어려움은 두 언어의 구조적 차이에서 비롯됩니다.

한국어는 SOV(주어-목적어-동사) 어순을 가지지만 영어는 SVO(주어-동사-목적어) 어순을 가집니다. 이러한 기본적인 차이만으로도 초보 학습자들은 혼란을 겪게 됩니다. 더욱이 영어의 관사(a, an, the) 체계나 시제 개념은 한국어에 없는 것이어서 더욱 어렵게 느껴집니다.

일본어의 경우에는 한자, 히라가나, 가타가나의 3개 문자 체계가 공존하여 초보자들에게 상당한 부담이 됩니다. 중국어의 성조 체계는 성조 언어에 익숙하지 않은 한국어, 유럽계 언어 화자들에게 큰 도전이 됩니다.

둘째, 문화적 맥락에 대한 두려움입니다.

언어는 문화와 분리될 수 없기 때문에, 언어를 배우는 것은 새로운 문화를 이해하는 과정을 포함합니다.

이때 자신의 문화적 배경과 다른 가치관이나 사고방식을 접하게 되면서 인지적 불안(cognitive anxiety)을 경험할 수 있습니다.

예를 들어, 서구 문화의 개인주의적 가치관에 익숙하지 않은 한국인 학습자가 영어로 자신의 의견을 적극적으로 표현해야 하는 상황에 부담을 느끼는 경우가 있습니다. 반대로 서구인이 한국어의 복잡한 경어 체계를 배우면서 위계 문화에 대한 이해 부족으로 어려움을 겪기도 합니다.

셋째, 의사소통 실패에 대한 두려움입니다.

언어 학습자들은 자신의 의사가 정확히 전달되지 않거나, 상대방의 말을 제대로 이해하지 못할 것을 걱정합니다. 이러한 두려움은 특히 실제 상황에서의 언어 사용을 회피하게 만들어 학습 효과를 저하시킵니다.

사회심리학에서 말하는 '체면 위협 행위(Face-Threatening Acts)'의 개념으로 이를 설명할 수 있습니다. 외국어로 말하다가 실수를 하는 것은 화자의 체면을 위협하는 행위로 인식될 수 있으며, 이는 특히 체면을 중시하는 동아시아 문화권의 학습자들에게 큰 스트레스 요인이 됩니다.

넷째, 학습 과정 자체에 대한 두려움입니다.

외국어 학습은 장기간에 걸친 지속적인 노력이 필요하며, 성과가 눈에 즉시 보이지 않는 경우가 많습니다. 이러한 불확실성은 학습자들에게 불안감을 조성합니다.

또한 학습 방법에 대한 확신 부족도 두려움을 증가시킵니다. "내가 제대로 공부하고 있는 것일까?", "이 방법이 효과적인 것일까?"와 같은 의문은 학습 동기를 저하시키고 두려움을 증폭시킵니다.

언어교육 심리학 연구에 따르면, 언어 학습 초기의 불안감은 점차 호기심과 성취감으로 바뀌어 간다고 합니다. 중요한 것은 이러한 초기 장벽을 인정하고 점진적으로 극복해 나가는 것입니다.

비트겐슈타인의 시선으로 본 외국어 학습

비트겐슈타인은 언어 게임(Language Game)이라는 개념을 통해 언어 사용이 특정한 규칙과 맥락 하에서 이루어지는 활동임을 설명했습니다. 외국어 학습도 마찬가지로 '새로운 게임의 규칙을 배우는 과정'으로 이해할 수 있습니다. 게임의 규칙을 모르면 두려울 수 있지만, 규칙을 알게 되면 즐길 수 있게 됩니다.

무지에서 오는 두려움을 극복하는 5가지 방법

외국어 학습에서 느끼는 두려움은 무지에서 비롯되는 경우가 많습니다. 이를 극복하기 위해서는 구체적인 전략이 필요합니다. 아래의 다섯 가지 방법은 학습자가 언어에 대한 두려움을 점진적으로 낮추고, 자신감을 회복하는 데 도움을 줄 수 있습니다.

첫째, 단계적 접근법을 사용합니다.

외국어는 단기간에 마스터할 수 있는 대상이 아닙니다. 처음부터 복잡한 문장이나 문법을 모두 이해하려 하면 오히려 좌절감을 느끼기 쉽습니다. 따라서 학습 내용을 작은 단위로 나누어 학습하는 것이 효과적입니다. 예를 들어, 단어 → 구문 → 문장 → 회화 순으로 점진적으로 확장해 나가면 부담을 줄일 수 있습니다. 자신이 할 수 있는 수준에서 출발하여, 하나씩 성취를 쌓아가면 두려움은 점차 줄어듭니다.

둘째, 메타인지 전략을 활용합니다.

메타인지는 '자신의 학습을 인식하고 조절하는 능력'을 의미합니다. 자신이 무엇을 알고 있고, 무엇을 모르는지 객관적으로 파악하는 것이 핵심입니다.

학습 중 실수나 어려움을 만났을 때, 단순히 좌절하지 않고 "왜 이 부분이 어렵게 느껴졌는가?"를 자문하며 원인을 분석해 보는 것이 필요합니다. 이를 통해 효과적인 학습 전략을 조정하고, 학습 방향을 스스로 설계할 수 있습니다. 자신을 관찰하고 조정하는 능력은 두려움을 관리하는 데 강력한 도구가 됩니다.

셋째, 문화적 호기심을 기릅니다.

외국어는 언어 그 자체만이 아니라, 해당 언어가 사용되는 문화와도 긴밀히 연결되어 있습니다. 언어를 배울 때 함께 마주하게 되는 문화적 차이에 대한 낯섦은 두려움의 원인이 되기도 합니다. 이때 문화적 차이를 불편함이 아닌 호기심의 대상으로 바라보는 태도가 필요합니다. 외국의 영화, 음악, 음식, 일상 표현 등을 접하며 '왜 그렇게 말할까?', '이 표현은 어떤 문화적 맥락을 반영할까?'라는 질문을 던지며 접근하면, 문화적 두려움은 자연스럽게 흥미로 전환됩니다. 호기심은 두려움을 이기는 가장 강력한 감정입니다.

넷째, 실패에 대한 인식을 바꿉니다.

외국어 학습에서의 실수는 피할 수 없는 과정입니다. 그러나 많은 학습자들이 실수를 '능력 부족'이나 '창피한 일'로 인식하고, 실수 자체를 회피하려는 경향이 있습니다. 이는 오히려 학습 기회를 놓치게 만듭니다. 실패는 잘 못이 아니라, 배움의 흔적입니다. 언어를 틀리게 말했더라도, 그 과정에서 피드백을 받고, 기억에 오래 남기 때문에 오히려 효과적인 학습이 됩니다. 실수와 실패를 있는 그 대로 받아들이고, 그 안에서 배우려는 태도가 중요합니다.

다섯째, 지지적인 학습 환경을 조성합니다.

외국어 학습에서 가장 큰 장애물 중 하나는 '비판에 대한 두려움'입니다. 타인의 평가나 비교 속에서 위축되는 학습자도 많습니다. 이러한 심리적 장벽을 낮추기 위해서는 비판보다 격려가 중심이 되는 환경이 필요합니다. 친구, 동료 학습자, 가족, 혹은 멘토와 함께 학습하면서 서로의 실패를 공유하고 응원하는 분위기를 조성하면, 학습자의 자존감과 지속력이 크게 향상됩니다. 스스로를 격려하는 자기 대화(self-talk)도 중요한 요소입니다. "나는 실수해도 괜찮다", "지금은 배우는 중이다"와 같은 자기 확언은 두려움을 완화하는 데 효과적입니다.

이러한 다섯 가지 방법은 모두 '두려움을 없애는 것'이 아니라, '두려움을 이해하고 조절하는 것'을 목표로 합니다. 외국어 학습에서의 두려움은 성장의 동력으로 전환될 수 있는 잠재력을 가지고 있습니다. 중요한 것은 그 감정에 압도되지 않고, 그 에너지를 학습의 방향으로 이끄는 능력입니다.

두려움은 배움의 시작점이다

무지에서 오는 두려움은 사실 학습의 출발점입니다. 소크라테스의 "무지의 지(知)"처럼, 자신이 모른다는 것을 아는 것 자체가 배움의 시작입니다. 외국어 학습에서도 이러한 겸손한 자세가 성공적인 학습의 기초가 됩니다.

현대 신경과학 연구에 따르면, 적당한 수준의 불안과 긴장은 오히려 학습 효과를 높인다고 합니다. 이를 '최적 각성 이론(Optimal Arousal Theory)'이라고 하는데, 너무 편안한 상태에서는 학습 동기가 떨어지고, 너무 불안한 상태에서는 인지 기능이 저하됩니다. 적당한 수준의 도전감과 긴장감이 최적의 학습 상태를 만들어줍니다.

따라서 외국어 학습에서 느끼는 약간의 두려움이나 불안은 완전히 제거해야 할 대상이 아니라, 적절히 관리하고 활용해야 할 에너지로 이해하는 것이 바람직합니다. 중요한 것은 이러한 감정에 압도되지 않고, 건설적인 방향으로 channeling하는 것입니다.

3-2
언어 학습의 심리적 장벽 허물기

외국어 학습에서 심리적 장벽을 허무는 일은 단지 기술을 익히는 것을 넘어서, 지속 가능한 학습을 가능하게 하는 핵심 요소입니다. 이러한 심리적 장벽은 주로 **정서적, 인지적, 사회적 요인**에서 비롯되며, 각각에 대한 정확한 이해와 대응 전략이 필요합니다.

1. 정서적 장벽(Affective Barriers)

정서적 장벽(Affective Barriers)에 대해 살펴보겠습니다. 이는 언어 학습자가 경험하는 감정적 반응들로, 주로 다음과 같은 형태로 나타납니다.

(1) 언어 불안(Language Anxiety)

외국어 학습과 사용 상황에서 특별히 나타나는 불안으로, 일반적인 불안과는 구별되는 특성을 가집니다.

호위츠(Horwitz) 등의 연구에 따르면, 언어 불안은 의사소통 불안, 시험 불안, 부정적 평가에 대한 두려움 등으로 구성됩니다.

의사소통 불안은 실제 외국어로 대화할 때 느끼는 긴장감입니다. "내가 말하는 것을 상대방이 이해할 수 있을까?", "발음이 이상하게 들리지 않을까?"와 같은 걱정이 이에 해당합니다.

시험 불안은 외국어 평가 상황에서 느끼는 스트레스입니다. 평소에는 알고 있던 내용도 시험 상황에서는 기억나지 않는 현상이 대표적인 예입니다.

부정적 평가에 대한 두려움은 다른 사람들이 자신의 언어 실력을 부정적으로 평가할 것에 대한 걱정입니다. 이는 특히 완벽주의 성향을 가진 학습자들에게 강하게 나타납니다.

(2) 동기 저하(Decreased Motivation)

장기간의 학습 과정에서 초기의 열정이 식어가는 현상입니다. 빠른 성과를 기대했으나 현실적인 어려움에 부딪히면서 발생하는 경우가 많습니다.

(3) 좌절감(Frustration)

노력에 비해 성과가 미미하다고 느끼거나 반복적인 실수로 인해 경험하는 감정입니다.

2. 인지적 장벽(Cognitive Barriers)

인지적 장벽은 학습자의 사고 과정이나 정보 처리 방식과 관련된 문제에서 비롯됩니다. 이러한 요인은 언어 체계의 복잡성과 학습자의 기존 지식 구조 간의 충돌에서 나타납니다.

(1) 모국어 간섭(L1 Interference)

모국어의 체계가 외국어 학습에 부정적 영향을 미치는 현상입니다. 예를 들어, 한국어 화자가 영어의 관사를 사용할 때 겪는 어려움이나, 한국어의 어순에 익숙해져 영어 문장을 만들 때 혼란을 겪는 것이 이에 해당합니다.

(2) 인지적 과부하(Cognitive Overload)

한 번에 너무 많은 정보를 처리하려 할 때 발생하는 현상입니다. 새로운 어휘, 문법, 발음을 동시에 익히려 하면서 뇌의 처리 능력을 초과하는 경우가 많습니다.

(3) 고정관념(Fixed Mindset)

"나는 언어에 재능이 없다.", "나이가 들어서 외국어를 배우기에는 너무 늦었다."와 같은 부정적 믿음들입니다.

3. 사회적 장벽(Social Barriers)

사회적 장벽은 학습자가 속한 사회적 환경이나 대인관계에서 기인한 제약 요소들입니다. 이는 학습 기회의 제한, 문화적 거리감, 사회적 압력 등으로 구체화됩니다.

(1) 사회적 압력(Social Pressure)

학습자는 종종 가족, 학교, 직장 등에서의 기대나 비교의 대상이 됩니다. "이 정도는 할 줄 알아야 한다"는 사회적 기준은 부담감으로 작용하며, 실수를 허용하지 않는 분위기는 학습자의 심리적 위축을 초래합니다.

(2) 문화적 거리감(Cultural Distance)

목표 언어를 사용하는 문화와 자신의 문화 간에 존재하는 가치관, 예절, 표현 방식의 차이는 학습자의 정서적 저항감을 유발할 수 있습니다. 이러한 거리감은 언어의 실제 사용을 회피하게 만들며, 문화에 대한 몰입을 방해합니다.

(3) 기회 부족(Lack of Exposure)

학습자가 외국어를 실제로 사용할 수 있는 환경이 부족할 경우, 배운 내용을 적용할 기회가 줄어들게 됩니다. 이는 언어를 단지 '시험 과목'으로 인식하게 만들며, 실제 소통 능력의 향상을 가로막습니다. 언어는 사용함으로써 습득되는 활동이기에, 실제 사용 환경의 부재는 큰 장벽으로 작용합니다.

이와 같이 언어 학습의 심리적 장벽은 단일 요인이 아니라 정서, 인지, 사회적 맥락이 복합적으로 작용하는 구조를 가지고 있습니다. 성공적인 언어 학습을 위해서는 이들 장벽을 단순히 극복의 대상으로 보기보다, 학습 과정 속에서 조율하고 대응해야 할 변수로 이해하는 것이 중요합니다.

외국어는 '심리적 저항선'을 넘는 훈련이기도 합니다. 감정, 사고, 관계 속에서 유연하게 대응하고 자신을 이해해나갈 때, 언어는 단순한 지식이 아니라 '자기 확장'의 수단이 될 수 있습니다.

이러한 심리적 장벽들을 허물기 위한 구체적인 전략들을 제시하면 다음과 같습니다.

정서적 장벽 극복 전략

정서적 장벽은 학습자가 언어 학습 과정에서 겪는 불안, 긴장, 좌절감 등 감정적 반응에서 비롯됩니다. 이를 극복하기 위해서는 감정을 억제하거나 회피하는 것이 아니라, 효과적으로 관리하고 활용하는 전략이 필요합니다. 아래는 정서적 장벽을 허물기 위한 네 가지 실천적 방법입니다.

1. 점진적 노출법(Gradual Exposure)을 실천합니다.

불안을 유발하는 상황에 갑자기 몰입하기보다는, 점진적으로 노출 범위를 확장하는 방식입니다. 초기에는 혼자서 문장을 말하거나 녹음해보는 연습부터 시작합니다. 이후 가까운 친구와의 짧은 대화, 스터디 그룹에서의 발표, 온라인 커뮤니티에서의 글쓰기 등 단계적으로 낯선 상황에 노출시킵니다. 이렇게 불안을 유발하는 자극에 점차 익숙해지면서, 학습자는 점진적인 자기 노출을 통해 언어 사용에 대한 두려움을 낮출 수 있습니다.

2. 긍정적 자기대화(Positive Self-talk)를 활용합니다.

학습 과정에서 발생하는 부정적인 내면의 목소리를 인식하고, 이를 긍정적 언어로 재구성하는 훈련입니다. 예를 들어 "나는 영어에 소질이 없어"라는 생각 대신 "나는 아직 익숙하지 않지만 점점 나아지고 있어"라는 문장으로 바꿉니다. 이러한 긍정적 자기 대화는 뇌의 인식 구조에 영향을 미쳐 실제로 학습 동기와 자신감을 증진시키는 효과를 보입니다. 언어는 외부로 향하기 전에 스스로를 향하는 것이며, 자기 언어는 곧 자기 태도를 결정합니다.

3. 이완 기법(Relaxation Techniques)을 적용합니다.

불안과 긴장은 신체 반응과 밀접하게 연관되어 있습니다. 따라서 긴장 상태를 완화하는 신체적 이완 기법을 병행하면 정서적 안정에 도움이 됩니다. 대표적인 방법으로는 복식 호흡, 명상, 점진적 근육 이완 기법(PMR: Progressive Muscle Relaxation) 등이 있습니다. 학습 전 간단한 스트레칭이나 5분 명상은 집중력을 높이고 언어 수행에 필요한 심리적 안정 상태를 유도합니다. 감정 조절은 신체 조절에서 출발한다는 점에서, 이완 훈련은 중요한 기반이 됩니다.

4. 성공 경험을 축적합니다.

작고 구체적인 성공을 반복적으로 경험하는 것은 자신감을 회복하는 가장 효과적인 방법입니다. 예를 들어 외국어로 간단한 인사말을 성공적으로 말했거나, 외국어 뉴스

의 한 문장을 이해한 경험도 소중한 성공입니다. 학습자
는 이러한 경험을 의식적으로 기록하거나 스스로 칭찬하
는 과정을 통해 긍정적 자기 개념을 형성할 수 있습니다.
성공 경험은 스스로에게 "나는 할 수 있다"는 메시지를
주며, 심리적 장벽을 낮추는 근거가 됩니다.

　이러한 전략들은 단기적인 불안을 줄이는 데 그치지 않
고, 장기적으로 학습자 스스로 감정을 인식하고 조절하는
능력을 길러줍니다. 정서적 장벽을 효과적으로 다룰 수
있을 때, 외국어 학습은 단지 언어를 익히는 것을 넘어
자기 자신을 이해하고 성장시키는 기회가 됩니다.

인지적 장벽 극복 전략

　인지적 장벽은 학습자의 사고 구조, 정보 처리 방식, 신
념 체계에서 발생하는 장애 요소입니다. 이러한 장벽은
학습 효율을 저해하고 반복적인 실패 경험으로 이어지기
쉬우므로, 인지적 전략을 의식적으로 개발하는 것이 중요
합니다. 아래는 언어 학습의 인지적 어려움을 극복하기
위한 네 가지 실천 전략입니다.

1. 메타인지 전략을 개발합니다.

메타인지는 자신의 학습 과정을 관찰하고 조절하는 능력

입니다. 이는 단순히 공부하는 것을 넘어서, 어떻게 공부하고 있는지를 점검하는 사고 훈련입니다. 학습자는 자신이 어떤 영역에서 어려움을 느끼고 있는지, 어떤 학습 방식이 효과적인지를 분석하여 학습 전략을 조정할 수 있어야 합니다. 예를 들어, "듣기에서 자주 놓치는 부분은 무엇인가?", "문법 학습보다 실제 문장 암기가 더 잘 맞는가?"와 같은 질문을 스스로에게 던지는 것이 메타인지 훈련의 출발점입니다.

2. 정보의 덩어리화(Information Chunking)를 활용합니다.

외국어 학습에서 다뤄야 할 정보량은 매우 방대합니다. 이를 효과적으로 기억하고 처리하기 위해서는 정보를 작은 의미 단위로 묶어 학습하는 전략이 필요합니다. 예를 들어 긴 문장은 절(절, 구) 단위로 나누어 분석하고, 새로운 어휘는 주제별, 유의어별, 활용 예시별로 분류하여 학습합니다. 이처럼 덩어리 단위로 정보를 재구성하면, 인지적 부담이 줄어들고 장기 기억으로의 전환이 쉬워집니다.

3. 다중 감각을 활용합니다.

인지 과정을 자극하는 감각 자극의 수가 많을수록 학습 효과는 높아집니다. 따라서 시각, 청각, 촉각 등 다양한 감각 채널을 동원한 학습이 효과적입니다. 예를 들어 단어를 보면서 소리 내어 읽고, 손으로 써보며 발음을 따라하는 방식은 뇌의 여러 부위를 동시에 자극합니다. 또한 플래시카드, 음성 학습 자료, 색상 구분, 이미지 매핑 등의 다양한 도구를 활용하면 기억 정착이 강화됩니다. 다중 감각 학습은 특히 어린 학습자뿐 아니라 성인 학습자에게도 매우 효과적인 전략입니다.

4. 성장 마인드셋(Growth Mindset)을 기릅니다.

고정 마인드셋(fixed mindset)은 "나는 언어에 소질이 없다"는 부정적인 자기 인식을 고착화시킵니다. 반면, 성장 마인드셋은 "노력을 통해 능력은 발전할 수 있다"는 믿음에 기반을 둡니다. 이 마인드셋을 가진 학습자는 실수를 실패로 보지 않고, 배움의 과정으로 받아들입니다. 특히 언어 학습은 완벽함보다는 반복과 개선의 과정이 중요하므로, 실수 자체를 긍정적으로 해석하는 태도가 필요합니다. 스스로에게 "지금은 익숙하지 않지만 계속 반복하면 익힐 수 있다"고 말하며, 도전과 시행착오를 학습의 일부로 수용하는 자세가 중요합니다.

인지적 장벽을 극복하기 위한 전략들은 단기 성과보다는 장기적인 사고 습관의 변화를 목표로 합니다. 학습자가 스스로의 사고 방식을 자각하고, 정보 처리 방식을 최적화하며, 실수를 수용하는 태도를 기를 때, 외국어 학습은 더 이상 두려움의 대상이 아니라 성장의 도구가 될 수 있습니다.

사회적 장벽 극복 전략

사회적 장벽은 학습자를 둘러싼 관계, 문화, 환경에서 비롯되는 제약 요소입니다. 이 장벽은 언어 실력을 실제로 발휘할 수 있는 기회를 제한하고, 타인의 시선과 비교로 인한 위축감을 유발합니다. 따라서 이러한 장벽을 극복하려면 타인과의 긍정적인 관계를 형성하고, 언어 사용 환경을 주도적으로 만들어가는 전략이 필요합니다.

1. 지지적 학습 공동체를 형성합니다.

혼자서 외국어를 공부할 때보다, 비슷한 목표를 가진 사람들과 함께 학습할 때 지속성과 몰입도가 높아집니다. 지지적 학습 공동체는 단순히 정보를 공유하는 모임을 넘어, 심리적 안정과 학습 동기를 제공하는 역할을 합니다. 예를 들어 온라인 스터디 그룹, 언어 교환 파트너, 학습 챌린지 그룹 등에 참여하면 서로의 고민을 나누고, 실수에 대한 두려움 없이 언어를 사용할 수 있는 기회를 가질 수 있습니다. 안전한 학습 환경은 도전의 진입 장벽을 낮추고, 자기 효능감을 높이는 데 기여합니다.

2. 문화적 호기심을 개발합니다.

사회적 장벽 중 하나는 목표 언어를 사용하는 문화에 대한 거리감입니다. 낯선 문화에 대한 불편감이나 선입견은 언어 사용의 심리적 저항으로 이어질 수 있습니다. 이를 극복하기 위해서는 편견을 줄이고 열린 태도를 기르는 것이 중요합니다. 목표 언어 문화에 대한 배경지식을 적극적으로 탐색하고, 그들의 생활방식, 사고방식, 의사소통 방식에 대한 이해를 넓혀가야 합니다. 문화는 언어의 맥락을 제공하는 틀이며, 문화적 호기심은 언어 학습에 대한 동기 유발과 정서적 몰입을 동시에 촉진합니다.

3. 실제 사용 기회를 창출합니다.

언어는 이론적으로 배우는 것보다 실천적으로 사용하면서 습득되는 활동입니다. 그러나 많은 학습자들은 실제 사용할 기회를 충분히 확보하지 못해 학습의 효과를 제한받고 있습니다. 이를 해결하기 위해서는 일상 속에서 언어를 사용할 수 있는 환경을 의도적으로 만드는 것이 필요합니다. 예를 들어, 온라인 언어 교환 플랫폼 활용, 외국인 친구 사귀기, 언어 관련 동아리 참여, 문화 행사나 교류 프로그램에 자발적으로 참여하는 등의 방법이 있습니다. 이러한 활동은 언어 실력뿐 아니라 문화 감수성과 사회적 자신감을 함께 길러줍니다.

사회적 장벽은 외부 환경의 제약처럼 보이지만, 실제로는 학습자의 태도와 실천 전략을 통해 얼마든지 극복할 수 있는 영역입니다. 언어는 타인과 연결되는 도구인 만큼, 사회적 상호작용 속에서 그 힘을 가장 강하게 발휘합니다. 자신이 속한 사회적 환경을 제한으로 보지 않고, 새로운 기회의 장으로 확장할 수 있는 능력이야말로 언어 학습의 중요한 자산입니다.

심리적 장벽을 넘어서기 위한 언어 학습의 철학과 실천

현대 언어교육에서는 의사소통 중심 언어교육 (Communicative Language Teaching, CLT)이 중심 이론으로 자리 잡고 있습니다. 이 접근법은 정확한 문법 지식보다는 실제 상황에서의 의사소통 능력을 우선시하며, 실질적인 언어 사용 능력을 키우는 것을 목표로 합니다. 문법 오류를 두려워하기보다는, 의미 전달과 소통이 원활하게 이루어지는지에 초점을 맞춥니다.

의사소통 중심 접근법은 학습자에게 요구되는 심리적 부담을 낮추고, 실수에 대한 두려움을 줄이며, 학습 동기를 강화하는 데 효과적인 것으로 보고되고 있습니다.

이는 기존의 문법 번역식 교수법에서 벗어나, 학습자 중심의 적극적 언어 사용을 강조하는 흐름과도 일치합니다.

이러한 현대 언어 교육 이론은 비트겐슈타인의 후기 철학과도 밀접하게 연결되어 있습니다. 그는 『철학적 탐구』에서 언어를 고정된 구조나 규칙의 집합이 아니라, 사용 속에서 의미를 갖는 실천적 활동, 곧 "언어 게임"으로 보았습니다. 이는 곧 언어는 머릿속에서 암기하거나 분석하는 대상이 아니라, 사회적 맥락 안에서 쓰임을 통해 익히는 것이라는 관점입니다.

따라서 외국어 학습에서도 '완벽한 문장'을 만들려는 강박보다는, 실제 대화 상황에서의 의미 있는 사용 경험이 중요합니다. 실수와 불완전한 표현을 통해 언어를 다듬어가는 과정 자체가 곧 학습이며, 언어는 실수 속에서 비로소 살아 있는 기술로 자리 잡습니다.

학습자에게 요구되는 내면의 태도
심리적 장벽을 넘어서기 위해서는 단지 교수법의 변화만

이 아니라, 학습자 자신의 태도 변화가 함께 요구됩니다. 무엇보다 중요한 것은 자기 자신에 대한 인내심과 관용입니다.

언어 학습은 단거리 경주가 아닌 마라톤과 같습니다.

빠른 속도의 향상이 아닌, 점진적인 축적과 반복 속에서 실력을 형성해 갑니다. 단기간에 완벽한 표현을 구사하려는 욕심은 오히려 자기 효능감을 떨어뜨릴 수 있으며, 장기적 관점에서의 꾸준한 노력이 필수적입니다.

또한, 실수에 대한 인식 전환이 필요합니다. 외국어 학습에서 실수는 피해야 할 오류가 아니라, 반드시 거쳐야 하는 학습의 일부입니다. 실수는 자신의 약점을 드러내는 계기이며, 동시에 피드백을 받을 수 있는 기회이기도 합니다. "나는 아직 배우는 중이다", "실수 속에서 더 오래 기억된다"는 생각은 학습자의 자신감을 회복시키고, 심리적 부담을 줄이는 데 효과적입니다.

언어 학습의 즐거움 찾기

심리적 장벽을 낮추는 가장 자연스러운 방법 중 하나는 언어 자체에 대한 즐거움을 회복하는 것입니다. 목표 언어로 된 노래를 듣고, 영화를 보며, 책을 읽고, 게임을 하는 등 일상 속에서 언어를 자연스럽게 노출시키는 활동은 언어를 '과목'이 아닌 '문화'와 '놀이'의 일부로 받아들이게 합니다.

 이러한 몰입 활동은 학습자에게 두 가지 이점을 제공합니다.
 첫째, 의미 있는 맥락 속에서 언어를 습득할 수 있는 기회를 제공합니다.
 둘째, 심리적 저항감 없이 반복 노출을 가능하게 하여 정서적 안정과 친숙함을 높입니다.
 언어를 '배워야 할 대상'이 아니라 '즐기며 접하는 친구'로 느낄 수 있을 때, 학습은 보다 지속 가능하고 효과적인 과정이 됩니다.

 언어는 삶의 도구이며, 자기 표현의 수단입니다. 언어 학습은 단순히 외국어를 암기하는 것이 아니라, 새로운 관점으로 세상을 바라보는 훈련이기도 합니다. 심리적 장벽을 허문다는 것은 결국, 자신에 대한 신뢰를 회복하고, 언어를 통해 세상과 연결되려는 용기를 갖는 일입니다.

 두려움을 넘는 언어 학습은 완벽을 향한 싸움이 아니라, 불완전함 속에서도 계속 말하려는 의지에서 출발합니다.

3-3
실패를 통한 성장의 철학

실패는 언어 학습 과정에서 반드시 마주하게 되는 경험입니다. 처음에는 발음이 서툴고, 문법이 틀리며, 의미가 제대로 전달되지 않는 경우도 많습니다. 그러나 이러한 실패는 단순한 오류나 실수로 끝나는 것이 아니라, 성장을 위한 전환점이 될 수 있습니다. 실패를 어떻게 인식하고 대하는가에 따라 그것은 학습을 방해하는 장벽이 될 수도 있고, 학습을 가속화하는 디딤돌이 될 수도 있습니다.

실패를 통한 성장의 철학은 학습자에게 좌절을 회피하지 않고 직면하게 하며, 지속적인 발전의 기반이 되는 태도를 제공합니다. 이 철학은 고대부터 현대에 이르기까지 많은 사상가들이 강조해온 사유의 주제입니다.

철학적 관점에서 본 실패의 의미

아리스토텔레스는 『니코마코스 윤리학』에서 "경험은 반복된 실수 속에서 축적되며, 탁월함은 훈련과 실패를 통해 형성된다"고 보았습니다. 그는 실수를 피해야 할 부정적 사건이 아니라, 습관과 성찰을 통해 덕을 기르는 과정으로 이해했습니다. 이는 언어 학습에서도 그대로 적용됩니다. 같은 문장을 반복해서 틀려보며, 스스로 문맥을 조정하고, 점차 정확한 표현을 익혀가는 과정은 곧 '탁월함'에 이르는 실천입니다.

존 듀이(John Dewey) 역시 실패를 학습의 본질적 요소로 보았습니다. 그는 "우리는 행동함으로써 배우지만, 행동의 결과를 성찰할 때 더 많이 배운다"고 말했습니다. 언어 학습에서도 단순히 말해보는 것에서 끝나는 것이 아니라, 자신의 말이 어떻게 전달되었는지, 어떤 표현이 어색했는지를 되돌아보는 과정이 곧 깊은 학습입니다. 실수를 경험하고, 그 실수를 되돌아볼 수 있을 때, 학습은 표면적 반복이 아니라 의미 있는 변화로 이어집니다.

실수를 받아들이는 태도가 학습을 결정합니다

많은 학습자들이 실수를 '능력 부족'의 증거로 받아들입니다. 그러나 실제로 언어 습득 과정에서 틀린 말은 학습의 가장 효과적인 자극이 됩니다. 뇌는 오류가 발생한 순간 주의를 집중하며, 오류와 정답의 차이를 기억에 오래 남깁니다. 이는 인지 심리학에서도 '오류 기반 학습(error-based learning)'의 원리로 설명됩니다.

따라서 언어 학습에서의 실패는 반드시 있어야 할 구성 요소입니다. 중요한 것은 실수를 했다는 사실이 아니라, 그 실수 이후의 태도입니다. 피드백을 무시하거나 회피하는 것이 아니라, 실수의 원인을 탐색하고 수정하려는 자세가 곧 성장을 결정짓는 요인입니다.

언어는 '틀리지 않는 말'을 구사하는 기술이 아니라, 자신의 생각을 계속해서 표현해보려는 용기와 태도에서 출발합니다. 실패는 그 용기를 실험하는 자리이며, 반복적인 실패 속에서 비로소 자기만의 언어가 형성됩니다.

비트겐슈타인은 "말의 의미는 그 쓰임 속에 있다"고 말했습니다. 그리고 그 '쓰임'은 늘 완전하지 않고, 처음에는 서툴며, 실수와 수정을 반복하는 과정 속에 존재합니다. 실수를 허용하지 않는 언어 학습은, 언어를 살아 있는 것으로 대하지 않는 것과 같습니다.

언어는 살아 있는 게임이며, 그 게임은 때로 졌을 때 더 많이 배울 수 있습니다. 실패를 기꺼이 받아들이는 철학이야말로, 언어 학습의 지속성과 즐거움을 가능하게 합니다.

언어 학습에서 나타나는 다양한 실패의 형태

언어 학습 과정에서 실패는 피할 수 없는 경험이며, 이는 다양한 형태로 나타납니다. 이러한 실패를 명확히 인식하고 유형별로 이해하는 것은 학습자가 실패를 분석하고 성장의 기회로 전환하는 데 필수적입니다.

다음은 대표적인 언어 학습 실패 유형 다섯 가지입니다.

1. 의사소통 실패(Communication Breakdown)

자신이 말하고자 하는 의미가 정확하게 전달되지 않거나, 상대방의 말을 온전히 이해하지 못하는 경우를 의미합니다. 이는 발음, 어휘, 문법 등의 요소가 복합적으로 작용하여 발생합니다. 예를 들어, 질문에 대한 의도를 잘못 파악하거나, 자신의 표현이 오해를 불러일으키는 경우입니다. 실시간 대화 상황에서 자주 발생하며, 상호작용에 대한 불안과 회피 행동으로 이어질 수 있습니다.

2. 문법적 오류(Grammatical Errors)

문법 규칙을 잘못 적용하거나, 모국어의 언어 구조에 익숙한 사고방식으로 인해 부정확한 표현을 사용하는 경우입니다. 예를 들어, 영어에서 '관사(a, an, the)'를 생략하거나, 시제 일치를 놓치는 경우가 이에 해당합니다.

이러한 오류는 학습자의 문장 구성 능력에 직접적인 영향을 미치며, 특히 쓰기나 공식적 발표 상황에서 자주 드러납니다.

3. 어휘 선택의 오류(Lexical Choice Errors)

문맥에 적절하지 않은 단어를 사용하거나, 문화적 맥락에 어긋나는 표현을 선택하는 경우입니다. 예를 들어, 직장에서 상사를 칭할 때 너무 캐주얼한 표현을 사용하는 것이 대표적 사례입니다. 이 유형의 오류는 단순한 단어 지식 부족이 아니라, 의미의 뉘앙스와 사회적 맥락에 대한 이해 부족에서 비롯됩니다. 특히 비슷한 의미를 가진 어휘 간의 사용 차이를 구분하지 못할 때 자주 발생합니다.

4. 발음 오류(Pronunciation Difficulties)

목표 언어의 음성 체계에 익숙하지 않아 부정확한 발음

을 하거나 억양이 어색한 경우입니다. 예를 들어, 영어의 /r/와 /l/ 구분, 프랑스어의 비강음 발음, 중국어의 성조 처리 등이 어려움을 주는 대표적 예입니다.

발음 오류는 의미 전달 자체에는 큰 영향을 주지 않는 경우도 있으나, 상대방의 이해도를 떨어뜨리거나 의사소통 효율을 저하시킬 수 있습니다. 또한 학습자에게 자신감 저하를 유발할 가능성도 높습니다.

5. 문화적 오해(Cultural Misunderstanding)

문법적으로나 어휘적으로는 문제가 없는 표현이라 하더라도, 해당 언어 문화의 맥락을 이해하지 못한 채 사용될 경우 오해를 초래할 수 있습니다. 예를 들어, 영어권에서 지나치게 겸손한 표현은 오히려 소극적이거나 무능력하게 비칠 수 있으며, 반대로 서구인의 표현 방식이 한국어 화자에게는 무례하거나 직설적으로 느껴질 수 있습니다. 이처럼 언어는 문화적 규범과 관습에 뿌리를 두고 있기 때문에, 언어 사용의 정확성뿐 아니라 문화적 적절성도 고려해야 합니다.

이러한 다양한 실패 유형은 학습자의 능력이 부족해서가 아니라, 언어라는 복합적 시스템을 익히는 과정에서 자연스럽게 발생하는 현상입니다. 중요한 것은 이러한 실패를 단순한 실수로 치부하거나 회피하는 것이 아니라, 유형별로 원인을 인식하고 전략적으로 피드백을 활용하는 태도입니다.

실패의 유형을 구체적으로 이해하는 것은 학습자 스스로 자신의 약점을 분석하고, 보다 정교한 학습 계획을 수립하는 데 있어 결정적인 기초가 됩니다.

실패를 통한 학습의 메커니즘 이해

언어 학습에서 실패는 겉보기에는 부정적인 사건처럼 보일 수 있습니다. 그러나 실제로는 학습의 핵심 기제로 작용하며, 인지적으로도 정서적으로도 학습자의 성장을 촉진하는 중요한 계기를 제공합니다. 실패를 단순한 오류로 보기보다는 학습을 유도하는 정보적 신호로 인식할 때, 학습자는 심리적 장벽을 낮추고 더 나은 성과를 이끌어낼 수 있습니다.

다음은 실패가 어떻게 학습을 촉진하는지를 설명하는 주요 관점들입니다.

1. 인지과학적 관점 : 예측 오류와 뇌의 재조정

인지과학 연구에 따르면, 인간의 뇌는 예측(prediction)을 기반으로 작동합니다. 학습자는 입력에 대해 어떤 결과를 예측하고 행동하지만, 그 예측이 빗나갔을 때 예측 오류(prediction error)가 발생합니다. 이 차이값이 뇌의 주의를 끌며, 신경 네트워크를 재조정하는 계기가 됩니다.

언어 학습에서도 마찬가지입니다. 학습자가 부정확한 문장을 말했을 때, 상대방이 이해하지 못하거나 수정해주는 상황은 뇌에게 "현재의 언어 모델이 잘못되었다"는 피드백을 전달합니다. 이 과정은 기존의 언어 지식을 재정비하고 보다 정확한 표현을 구축하는 기반이 됩니다.

2. 건설적 실패(Productive Failure)의 개념

교육학자 마누 카푸르(Manu Kapur)는 "건설적 실패(Productive Failure)"라는 개념을 통해 실패의 교육적 가치를 강조하였습니다. 그는 적절한 조건 아래에서의 실패가 장기적인 이해와 전이(transfer)를 촉진한다고 보았습니다.

건설적 실패가 효과를 발휘하기 위한 조건은 다음과 같습니다

1) 안전한 실패 환경

실패가 처벌이나 비난으로 이어지지 않는 심리적으로 안전한 공간이 조성되어야 합니다.

2) 적절한 난이도

과제가 지나치게 어렵지도, 너무 쉽지도 않아야 합니다. 도전 가능한 과제가 이상적입니다.

3) 즉각적인 피드백

실패가 발생한 원인을 인식할 수 있도록 명확하고 빠른 피드백이 제공되어야 합니다.

4) 성찰의 기회

실패의 과정을 되짚어보고 의미를 해석할 수 있는 시간이 주어져야 합니다.

언어 학습에서도 이러한 조건을 만족하는 환경이 중요합니다. 예를 들어, 언어 교환 파트너와의 일상 대화, 부담 없는 소그룹 활동, 자동 피드백을 제공하는 언어 학습 앱 등은 실패를 건설적으로 경험할 수 있는 장치가 됩니다.

3. 실패에 대한 문화적 인식의 차이

실패를 대하는 태도는 문화마다 다릅니다.

서구 문화권에서는 실패를 실험과 탐색의 일부로 수용하

는 경향이 강합니다. 반면 동아시아 문화권에서는 실패가 체면 손상 또는 능력 부족의 증거로 인식되는 경우가 많습니다. 특히 한국 교육 문화에서는 '완벽하게 해야 한다'는 압박이 강하게 작용하며, 실수를 두려워하고 도전을 회피하는 학습 태도를 유발합니다.

한국어에 "실패는 성공의 어머니"라는 속담이 있음에도 불구하고, 실제 교육 환경에서는 성공 지향적 사고와 완벽주의적 평가 구조가 여전히 뿌리 깊게 존재합니다. 이로 인해 많은 한국인 학습자들은 언어를 '틀리면 안 되는 것'으로 인식하게 됩니다.

그러나 언어는 실수와 오류 속에서 익히는 실천적 기술입니다. 따라서 학습자 스스로가 실패에 대한 인식을 전환하고, 실수를 두려워하지 않고 실패를 통과해야 할 과정으로 받아들이는 태도가 필요합니다.

4. 실패를 성장으로 전환하는 구체적 방법들

실패를 건설적인 학습 경험으로 전환하기 위해서는 다음과 같은 실천 전략들이 유효합니다

① 실수 일지 작성

자신이 경험한 실수들을 기록하고 그 원인과 교정을 정

리합니다. 같은 오류를 반복하지 않기 위한 '실수 노트'는 맞춤형 피드백 자료가 됩니다.

② 실수 공유하기

다른 학습자들과 자신의 실수 사례를 공유하고, 함께 해결책을 모색합니다. 이를 통해 실수에 대한 부끄러움이나 두려움을 완화하고, 집단 지식의 효과를 얻을 수 있습니다.

③ 실수 재연하기

과거에 실패했던 상황을 유사한 맥락에서 다시 시도해봅니다. 수정된 표현을 사용하여 성공적으로 의사소통했을 때, 자기 효능감과 성취감이 함께 향상됩니다.

④ 실수의 긍정적 재해석

"틀렸다"가 아니라 "새로운 것을 시도했다", "한 걸음 나아갔다"는 식으로 실수를 해석합니다. 성장 중심 사고 (growth mindset)는 실수에 대한 감정적 부담을 줄이고 지속적인 도전을 가능하게 합니다.

⑤ 실수 유형 분류하기

자신이 자주 범하는 실수 유형(문법, 어휘, 발음, 문화 등)을 파악하고, 그에 맞는 전략을 개발합니다. 이는 학습자의 인지적 자기 조절 능력을 강화하는 데 효과적입니다.

실패는 결과가 아니라 과정의 일부입니다. 언어 학습은 실수를 피하는 기술이 아니라, 실수를 통해 언어 체계를 재구성하는 과정입니다. 실수는 단지 부정확한 말의 흔적이 아니라, 생각이 언어로 형성되어 가는 흔적입니다.

비트겐슈타인의 언어관에서 보듯, 말은 그 자체로 완성된 것이 아니라 사용 속에서 완성되어 가는 활동입니다. 실패는 언어 사용의 자연스러운 일부이며, 언어를 살아 있는 것으로 만들기 위한 불가피한 과정입니다.

학습자는 실패를 두려워하지 않고, 오히려 실패를 마주하고 질문하는 자세를 가질 때 비로소 자신의 언어를 만들기 시작합니다.

실패를 수용하고 성장으로 전환하는 심리적 방법

언어 학습에서의 실패는 피할 수 없는 경험이며, 그것을 어떻게 받아들이고 해석하느냐에 따라 학습의 방향과 질이 달라집니다. 실패를 성장의 자원으로 전환하기 위해서는 단순한 기술이나 전략을 넘어, 정서적 회복력과 인식의 전환이 필요합니다. 마음챙김, 성장 마인드셋, 회복력은 실패를 학습 동력으로 바꾸는 데 핵심적인 심리적 방법이 됩니다.

1. 명상과 마음챙김을 통한 실패 수용

불교 전통에서 유래한 마음챙김(mindfulness)은 현재 순간의 경험을 판단하지 않고 있는 그대로 바라보는 태도입니다.

명상적 훈련을 통해 감정과 생각을 관찰하는 연습을 포함합니다.

언어 학습에서 실수를 경험했을 때, 대부분의 학습자는 즉각적으로 자기비판, 수치심, 좌절감 등의 반응을 보입니다. 그러나 마음챙김은 이러한 반응을 억제하거나 제거하려는 것이 아니라, 그 감정들을 있는 그대로 알아차리고 받아들이는 것을 목표로 합니다.

예를 들어, "틀렸어, 나는 왜 이렇게 못하지?"라는 생각이 떠오를 때, 그것을 즉시 판단하거나 억누르지 않고, "지금 내가 이런 생각을 하고 있구나"라고 메타적 시선으로 관찰하는 것입니다. 이는 실패의 감정적 반응을 감소시키고, 상황을 보다 객관적이고 분석적으로 바라보는 능력을 길러줍니다.

2. 성장 마인드셋(Growth Mindset)의 내면화

심리학자 캐럴 드웩(Carol Dweck)이 제안한 성장 마인드셋은 능력은 고정된 것이 아니라 노력과 전략을 통해 개발될 수 있다는 믿음에 기초합니다. 이는 실패를 능력 부족의 증거가 아닌, 학습의 기회로 해석하는 인지적 틀을 제공합니다.

성장 마인드셋을 내면화하기 위한 구체적 실천은 다음과 같습니다.

1) 과정 중심의 칭찬

결과보다는 노력, 전략 선택, 문제 해결 방식 등 학습의 과정에 주목하여 자신을 격려합니다.

2) 도전 추구

편안한 수준에서 머무르기보다는 약간 어려운 과제를 시도하며 실패 가능성을 수용하는 자세를 기릅니다.

3) 타인의 성공으로부터 배우기

비교보다는 학습의 관점으로 전환하여, 다른 학습자의 성공 경험을 참고자료로 활용합니다.

4) "아직(yet)"의 언어 사용

"나는 못한다" 대신 "나는 아직 못한다"라고 표현함으로써, 자기 효능감을 유지하고 발전 가능성을 인식합니다.

성장 마인드셋은 단지 실패를 긍정하는 것을 넘어서, 실패를 통해 구체적으로 무엇을 배울 수 있을지를 묻는 태도를 말합니다.

실패를 통한 회복력(Resilience) 개발

회복력은 어려움 속에서도 다시 일어설 수 있는 심리적 회복 능력입니다. 언어 학습에서의 실패는 자신감 저하, 회피 행동, 학습 포기의 원인이 되기도 하지만, 동시에 회복력의 근육을 단련할 수 있는 기회가 됩니다.

회복력을 기르기 위한 실천 전략은 다음과 같습니다.

1. 현실적 목표 설정

달성 가능한 작은 목표를 설정하고, 그것을 이룰 때마다 성취감을 축적합니다.

2. 지원 네트워크 구축

스터디 그룹, 멘토, 언어 교환 파트너 등 정서적·학습적 지원을 제공할 수 있는 관계망을 형성합니다.

3. 자기 돌봄(Self-care)

학습 피로와 스트레스를 관리하기 위해 충분한 휴식, 수면, 취미 활동 등을 균형 있게 병행합니다.

4. 의미 찾기

실패의 순간에도 "이 경험을 통해 내가 무엇을 배웠는가?"를 질문하며, 내적 의미와 가치를 발견하는 연습을 합니다.

회복력은 실패를 견디는 힘이 아니라, 실패 속에서도 방향을 바꾸며 앞으로 나아가는 힘입니다.

비트겐슈타인의 침묵과 실패의 철학

비트겐슈타인은 『논리-철학 논고』에서 "말할 수 없는 것에 관해서는 침묵해야 한다"고 말했습니다. 이 명제는 언어의 한계를 지적하는 동시에, 표현되지 않은 것을 함부로 판단하지 말라는 철학적 태도를 담고 있습니다.

이를 실패의 맥락에 적용하면, 실수의 순간에 즉각적으로 의미를 부여하거나 자신을 단정하지 말고, 잠시 그 실패의 경험을 침묵 속에서 성찰하는 여유를 가지는 것이 필요합니다. 급하게 판단하기보다, 침묵과 관찰을 통해 내면의 반응과 배움의 씨앗을 발견하는 것, 이것이 언어 학습자의 철학적 태도라 할 수 있습니다.

실패를 통한 성장의 철학은 언어 학습을 인생의 여정으로 보는 관점과 연결됩니다. 목적지에 도달하는 것도 중요하지만, 그 과정에서 겪는 경험들과 그를 통한 성장이 더욱 소중한 가치를 갖습니다. 실패는 이러한 성장 여정의 필수적인 부분이며, 그것을 받아들이고 활용하는 지혜가 진정한 언어 학습자의 자질이라고 할 수 있습니다.

4장

언어의 깊은 탐험

같은 언어여도 분야에 따라
화자에 따라 많은 차이가 있다.

언어는 단일한 실체가 아닙니다. 하나의 언어 안에는 수많은 변종과 층위, 전문 분야별 특성들이 존재합니다. 영어를 예로 들어보면, 의학 영어, 법률 영어, 비즈니스 영어, 일상 영어는 각각 다른 어휘와 표현 방식을 가지고 있습니다. 심지어 같은 단어라도 분야에 따라 완전히 다른 의미로 사용되기도 합니다.

이 장에서는 언어의 이러한 다층적 특성을 탐구하고, 언어 학습자가 어떻게 이러한 깊이를 이해하고 활용할 수 있는지 살펴보겠습니다. 또한 전문 분야별 언어의 특성과 예술적 표현으로서의 언어, 그리고 디지털 시대의 새로운 언어 현상들에 대해서도 논의하겠습니다.

4-1

같은 언어, 다른 세계들

✦ ─── • • • ─── ✦ ─── • • • ─── ✦

언어는 결코 균질한 실체가 아닙니다. 하나의 언어 안에는 지역별, 계층별, 세대별, 직업별로 다양한 변종들이 공존하고 있으며, 각각은 그 나름의 독특한 세계를 구성하고 있습니다. 이러한 언어의 다양성을 이해하는 것은 진정한 언어 능력을 기르는 데 필수적입니다.

지역적 변이(Regional Variation)

같은 언어라도 지역에 따라 상당한 차이를 보입니다. 이는 단순히 발음의 차이를 넘어서 어휘, 문법, 심지어 의사소통 방식에서도 나타납니다.

영어의 경우, 미국 영어와 영국 영어의 차이는 잘 알려져 있습니다. 'elevator'와 'lift', 'apartment'와 'flat', 'garbage'와 'rubbish' 같은 어휘 차이부터, 과거분사 형태의 차이('gotten' vs 'got'), 전치사 사용의 차이 ('different from' vs 'different to') 등이 있습니다.

하지만 이는 빙산의 일각에 불과합니다. 미국 내에서도 동부와 서부, 남부와 북부의 차이가 명확하게 존재합니다. 뉴욕의 영어와 텍사스의 영어, 캘리포니아의 영어는 각각 다른 특성을 가지고 있습니다.

한국어 역시 마찬가지입니다. 서울 표준어를 기준으로 보면, 경상도 방언의 성조적 특성, 전라도 방언의 어미 변화, 제주도 방언의 독특한 어휘 등은 때로 외국어처럼 느껴질 정도입니다.

이러한 지역적 차이는 단순한 언어적 현상이 아니라 각 지역의 역사, 문화, 정체성과 깊이 연결되어 있습니다. 예를 들어, 경상도 방언의 직설적 특성은 그 지역의 문화적 성향과 관련이 있고, 전라도 방언의 감정적 풍부함은 그 지역의 예술적 전통과 연결됩니다.

사회계층별 변이(Socioeconomic Variation)

언어는 단순한 의사소통 도구가 아니라, 화자의 사회적 위치를 반영하는 상징 체계입니다. 언어 사용은 개인의 교육 수준, 직업, 소득, 사회적 배경 등과 밀접하게 연결되어 있으며, 사회계층 간의 언어적 차이는 여러 층위에서 관찰됩니다.

사회언어학자 윌리엄 라보프(William Labov)의 대표적인 연구는 이러한 현상을 과학적으로 입증하였습니다. 그는 뉴욕시의 세 개 백화점(고가, 중가, 저가)에서 직원들의 'r' 발음을 조사하였고, 사회적 지위가 높은 백화점일수록 직원들이 'r'을 명확하게 발음하는 경향이 강하다는 사실을 밝혔습니다. 이 연구는 언어 사용이 사회적 계층과 연동되는 현상을 실증적으로 보여주는 대표적인 사례로 평가받고 있습니다.

한국어에서도 이러한 현상은 명확하게 나타납니다. 높은 교육을 받은 사람들의 언어 사용과 그렇지 않은 사람들의 언어 사용 사이에는 어휘 선택, 문장 구조, 경어법 사용 등에서 차이가 있습니다.

하지만 이러한 차이를 단순히 '좋고 나쁨'의 기준으로 판단해서는 안 됩니다. 각각의 언어 사용 방식은 그 집단의 사회적 환경과 문화적 배경 속에서 기능적으로 작동하고 있는 언어 변종이며, 나름의 가치와 정당성을 지니고 있습니다. 언어는 정해진 규범만 따르는 것이 아니라, 화자의 정체성과 공동체의 소속감을 반영하는 살아 있는 표현 방식임을 인식하는 것이 중요합니다.

세대별 변이(Generational Variation):

언어는 끊임없이 변화하며, 이러한 변화는 특히 세대 간 차이로 나타납니다. 젊은 세대는 새로운 표현을 만들어내고 기존 표현에 새로운 의미를 부여하며, 기성세대는 전통적인 표현을 유지하려는 경향을 보입니다.

한국어의 경우, 젊은 세대가 사용하는 인터넷 언어, 줄임말, 신조어 등은 기성세대에게는 이해하기 어려운 경우가 많습니다. '갑분싸(갑자기 분위기 싸해짐)', '실화냐(실화입니까)', '스불재(스스로 불러온 재앙)' 같은 표현들은 젊은 세대의 언어 창조력을 보여줍니다.

영어에서도 마찬가지입니다. 'ghosting(연락을 끊고 잠적하기)', 'breadcrumbing(희망고문처럼 연락을 끊지 않고 조금씩 흘리는 행위)', 'vaping(전자담배 피우기)' 같은 새로운 단어들은 젊은 세대의 경험과 문화를 반영합니다.

이러한 세대별 언어 변이는 때로는 의사소통의 간극이나 오해를 낳기도 하지만, 동시에 언어의 활력과 창조성, 문화적 진화를 보여주는 핵심적 증거입니다. 언어 학습자는 특정 표현의 적절성만 판단하기보다, 그 표현이 등장한 문화적 맥락과 사용 세대의 감수성까지 함께 이해할 필요가 있습니다.

직업별 변이(Professional Variation)

각 전문 분야는 고유한 언어적 특성을 가지고 있습니다. 이는 해당 분야의 전문 지식과 경험을 효율적으로 표현하기 위해 발달한 것입니다.

의료 분야의 경우, 라틴어에서 유래한 전문 용어들이 많이 사용됩니다. 'myocardial infarction'(심근경색), 'pneumonia'(폐렴), 'hypertension'(고혈압) 등은 정확하고 간결한 의사소통을 위해 필요합니다.

법률 분야에서는 정확성과 엄밀성이 요구되므로, 일상어와는 다른 독특한 표현들이 발달했습니다. 'pursuant to', 'heretofore', 'whereas' 같은 표현들은 법률 문서에서 흔히 볼 수 있습니다.

IT 분야에서는 영어 차용어와 새로운 용어들이 끊임없이 생성됩니다. '클라우드', '빅데이터', '머신러닝', 'API' 등은 이제 일반인들도 사용하는 용어가 되었습니다.

이러한 전문 언어는 해당 분야의 구성원임을 나타내는 정체성 표지 역할도 합니다. 전문 용어를 정확하게 사용할 수 있다는 것은 그 분야에 대한 지식과 경험을 가지고 있다는 증거가 됩니다.

상황별 변이(Situational Variation)

같은 사람이라도 상황에 따라 다른 언어 사용 패턴을 보입니다. 이를 언어학에서는 '코드 전환(code-switching)' 또는 '스타일 전환(style-shifting)'이라고 합니다.

격식적인 상황에서는 더 정중하고 표준적인 언어를 사용하고, 비격식적인 상황에서는 더 자유롭고 개인적인 언어를 사용합니다. 같은 내용이라도 대학교 발표에서 말하는 것과 친구들과 대화할 때 말하는 것은 완전히 다릅니다.

한국어의 경우, 상황에 따른 경어법의 변화가 매우 복잡하고 정교합니다. 나이, 사회적 지위, 친밀도, 상황의 격식성 등이 모두 고려되어 적절한 경어 수준이 결정됩니다.

디지털 시대의 새로운 변이

인터넷과 소셜 미디어의 등장 이후, 언어는 단지 사람 간의 소통 수단을 넘어 디지털 공간에서의 정체성과 관계 형성 도구로 기능하고 있습니다. 디지털 플랫폼별로 언어 사용 방식이 달라지며, 기존의 언어 변이 개념을 확장시 키는 새로운 언어 문화가 형성되고 있습니다.

트위터의 140자 제한은 축약과 상징의 언어를 발달시켰 습니다. 줄임말, 이모지, 해시태그, 대체 철자(spelling variation)는 의미 압축과 정서 표현의 효율성을 동시에 추구하는 전략으로 자리 잡았습니다.

인스타그램은 해시태그 기반의 언어 생태계를 만들어내 며, 사진 중심 소통에 언어적 맥락을 덧입히는 역할을 합 니다. 해시태그는 단어가 아닌 관심사, 감정, 사회적 연결 을 상징하는 키워드로 기능합니다.

메신저 앱(카카오톡, 텔레그램 등)에서는 이모티콘, 스티 커, 짧은 응답어 등이 문자 언어의 정서적 보완 수단으로 사용됩니다. 때로는 이모티콘 하나가 말보다 더 풍부한 의미를 전달하기도 하며, 이는 디지털 환경에서 비언어적 소통 기능을 보완하는 언어 행위로 해석됩니다.

디지털 언어는 기존 언어와는 다른 속도, 양식, 맥락 감 각을 요구하며, 언어 사용자의 새로운 문해력(digital literacy)을 필요로 합니다. 언어는 이제 입말과 글말을 넘어, '플랫폼별 언어'로 확장되고 있는 중입니다.

언어 변이의 긍정적 측면

지금까지 살펴본 바와 같이, 언어는 지역, 계층, 세대, 직업, 상황, 매체에 따라 다양한 방식으로 변이합니다.

언어의 다양성은 의사소통의 혼란이나 오해를 야기할 수 있지만 다음과 같은 긍정적 가치를 가지고 있습니다.

1. 표현의 풍부함

다양한 언어 변종은 같은 의미도 정도, 분위기, 뉘앙스에 따라 다르게 표현할 수 있게 합니다. 이는 정교한 의사소통과 섬세한 감정 전달을 가능하게 합니다.

2. 문화적 다양성 보존

각 지역과 공동체의 언어적 특성은 해당 집단의 역사, 가치관, 정체성을 반영합니다. 언어 변이는 단지 말의 차이를 넘어서 문화적 유산을 보존하는 매개체입니다.

3. 창조성과 혁신

새로운 표현, 신조어, 은유적 언어 등은 언어의 경계를 확장시키며, 언어 사용자의 상상력과 창조성을 자극합니다. 언어는 끊임없이 진화하며, 새로운 현실과 사고를 담는 틀이 됩니다.

4. 사회적 유연성

다양한 언어 변이에 적응하고 활용할 수 있는 능력은 곧 사회적 민감성과 맥락 판단 능력을 의미합니다. 이는 변화하는 사회 환경 속에서 유연하게 소통하는 데 필수적인 역량입니다.

언어 학습에 대한 시사점

언어의 이러한 다양성을 이해하는 것은 외국어 학습에 중요한 시사점을 제공합니다.

1. 목표 설정의 구체화

어떤 상황에서, 누구와, 어떤 목적으로 언어를 사용할 것인지 명확히 해야 합니다.

2. 적응적 학습

상황에 따라 적절한 언어 사용 방식을 선택할 수 있는 능력을 기워야 합니다.

3. 관용과 개방성

다른 변종의 언어를 사용하는 사람들에 대한 이해와 존중이 필요합니다.

4. 지속적 학습

언어는 계속 변화하므로 평생학습의 자세가 필요합니다.

언어는 사고의 형식이자 세계를 구성하는 방식입니다

언어학 연구에 따르면, 전문 분야별 언어는 단순히 특수한 어휘를 사용하는 것을 넘어서 특유의 사고 방식과 논리 구조를 반영한다고 합니다. 따라서 특정 분야의 언어를 배우는 것은 그 분야의 사고방식을 이해하는 과정이기도 합니다.

예술 분야의 언어학 연구에서는 은유, 상징, 기호 등의 언어적 장치가 어떻게 복합적 의미를 창조하는지를 분석하고 있습니다. 이는 언어가 단순한 정보 전달 도구를 넘어서 창조적 표현의 매체임을 보여줍니다.

같은 언어 안의 이러한 다양한 세계들을 탐험하는 것은 언어 학습의 깊이를 더해줍니다. 단순히 문법과 어휘를 익히는 것을 넘어서, 그 언어가 사용되는 다양한 맥락과 그 안에서 살아가는 사람들의 삶을 이해하게 됩니다. 이러한 이해는 진정한 의사소통 능력의 기초가 되며, 언어를 통한 문화 간 이해의 출발점이 됩니다.

4-2
전문 분야별 언어의 세계

✦ ━━━ ••• ━━━ ◆ ━━━ ••• ━━━ ✦

각 전문 분야는 그 내부에서 고유한 언어적 생태계를 형성하고 있습니다. 이러한 전문 언어(專門言語, specialized language)는 단순히 특수한 용어를 사용하는 것을 넘어서, 해당 분야의 사고방식, 가치 체계, 지식 구조를 반영하는 독립적인 언어 체계입니다. 전문 용어를 이해하고 정확하게 사용할 수 있다는 것은 해당 분야에 진입할 자격을 갖추었음을 나타내는 상징적 자본이며, 전문가 커뮤니티의 일원으로 인정받기 위한 중요한 관문이 됩니다. 전문 언어를 이해하는 것은 해당 분야에 진입하는 첫 번째 관문이자, 그 분야의 구성원으로 인정받는 중요한 요소입니다.

과학 기술 언어의 특성

과학과 기술 분야의 언어는 정확성(precision), 객관성(objectivity), 간결성(conciseness)을 최우선으로 합니다. 이러한 특성은 과학적 방법론과 직접적으로 연결됩니다.

물리학에서 '힘(force)'이라는 용어는 일상어에서의 '힘'과는 완전히 다른 정의를 가집니다. 물리학에서 힘은 "질량을 가진 물체의 운동 상태를 변화시키는 작용"으로 정의되며, F=ma라는 수학적 공식으로 표현됩니다. 이러한 정의는 모호함이 전혀 없으며, 전 세계 어느 곳에서든 동일하게 이해됩니다.

화학에서는 원소 기호와 화학식이라는 독특한 표기법을 사용합니다. H_2O, $NaCl$, $C_6H_{12}O_6$ 같은 표기는 언어의 장벽을 넘어서는 보편적 의사소통 도구입니다. 한국의 화학자와 독일의 화학자가 서로의 언어를 몰라도 화학식을 통해 정확한 의사소통이 가능합니다.

의학 언어의 구조와 기능

의학 언어는 정확성뿐만 아니라 생명과 직결되는 심각성을 가집니다. 'myocardial infarction'과 'heart attack'은 같은 현상을 가리키지만, 의료진 사이에서는 더 정확한 전자가 사용됩니다. 또한 의학 용어는 대부분 라틴어나 그리스어에서 유래하여 국제적 통일성을 가집니다.

IT와 컴퓨터 과학 분야의 언어

IT와 컴퓨터 과학 분야는 언어 변화의 최전선에 있습니다. 'algorithm', 'database', 'interface' 같은 용어들이 일반어로 확산되었고, 'cloud computing', 'artificial intelligence', 'blockchain' 같은 새로운 개념들이 끊임없이 생성됩니다. 이 분야의 언어는 영어의 영향이 특히 강하며, 세계 각국에서 영어 용어를 그대로 차용하여 사용하는 경우가 많습니다.

IT 언어는 약어(abbreviation), 혼성어(blended word), 신조어(neologism)를 빈번하게 생성하며, 실용성과 기능성 중심의 언어 구조를 보여줍니다.
HTML(HyperText Markup Language),
API(Application Programming Interface),
UX(User Experience),
IoT(Internet of Things)

이처럼 기술 분야의 언어는 새로운 개념을 신속하게 정의하고 보급하는 정보화 시대의 언어 메커니즘을 잘 보여주며, 언어가 지식 전파의 수단일 뿐 아니라 지식 자체를 생성하는 장치임을 증명합니다.

인문학과 사회과학 분야의 언어

인문학과 사회과학 분야의 언어는 과학 기술 분야와는 다른 특성을 보입니다. 여기서는 해석(interpretation), 비판(criticism), 성찰(reflection)이 중요한 역할을 합니다. 철학 언어는 추상적 개념을 다루는 특성상 매우 정교하고 미묘한 구분을 요구합니다. 예를 들어, '존재(being)'와 '실존(existence)'은 비슷해 보이지만 철학에서는 완전히 다른 개념입니다. 하이데거의 'Dasein'이나 사르트르의 'être-pour-soi' 같은 용어들은 번역하기도 어려울 정도로 특수한 의미를 가집니다.

문학 비평 분야에서는 '알레고리(allegory)', '메타포(metaphor)', '아이러니(irony)' 등 수사학적 개념어들이 텍스트 분석의 핵심 도구로 사용됩니다. 이들은 단순히 표현의 장식이 아니라, 텍스트의 심층 의미를 해석하고, 권력 관계와 문화 맥락을 드러내는 장치로 기능합니다.

사회학과 정치학에서는 사회 현상을 설명하는 이론적 용어들이 발달했습니다. '헤게모니', '이데올로기', '사회화', '제도화' 같은 개념들은 복잡한 사회 현상을 체계적으로 분석하기 위한 도구입니다.

예술 분야의 창조성과 감정 중심 언어

예술 분야의 언어는 창조성과 표현력을 중시합니다. 여기서는 논리적 정확성보다는 감성적 공감과 미적 체험이 우선됩니다.

음악에서는 '레가토(legato)', '스타카토(staccato)', '크레센도(crescendo)' 같은 이탈리아어 용어들이 국제적으로 사용됩니다. 이러한 용어들은 단순한 기술적 지시를 넘어서 음악의 표현과 감정을 담아냅니다.

미술에서는 '키아로스쿠로(chiaroscuro)', '임파스토(impasto)', '스푸마토(sfumato)' 같은 기법을 나타내는 용어들이 있습니다. 이러한 용어들은 시각적 효과를 언어로 포착하려는 시도의 결과입니다.

문학에서는 장르별로 독특한 언어적 특성이 발달했습니다. 시에서는 운율, 리듬, 이미지가 중요하고, 소설에서는 서사 구조와 문체가 중요합니다. 희곡에서는 무대 지시와 대사의 균형이 중요합니다.

현대 예술에서는 전통적 경계를 넘나드는 새로운 용어들이 계속 생성됩니다. '설치미술', '퍼포먼스 아트', '디지털 아트' 같은 용어들은 새로운 예술 형태와 함께 등장했습니다.

비즈니스와 경제 언어

비즈니스 세계의 언어는 효율성과 수익성을 중시하는 가치관을 반영합니다. 여기서는 시간이 곧 돈이라는 인식하에 간결하고 명확한 의사소통이 요구됩니다.

'ROI(Return on Investment)', 'KPI(Key Performance Indicator)', 'B2B(Business to Business)' 같은 약어들이 일상적으로 사용됩니다. 이러한 약어의 사용은 전문성을 나타내는 동시에 의사소통의 효율성을 높입니다.

마케팅 분야에서는 '브랜딩', '포지셔닝', '세그멘테이션' 같은 개념들이 중요합니다. 이러한 용어들은 복잡한 시장 현상을 체계적으로 분석하고 전략을 수립하는 도구입니다.

금융 분야는 특히 정확성이 요구되는 영역입니다. '유동성', '레버리지', '헤징' 같은 용어들은 이미 국내에 정착하여, 정확한 정의와 계산 방식을 가지고 있으며, 잘못 사용할 경우 큰 손실을 초래할 수 있습니다.

법률 언어의 형식성

법률 언어는 정확성과 엄밀성이 생명입니다. 법조문의 한 단어 차이가 판결을 좌우할 수 있기 때문에, 법률 언어는 매우 보수적이고 형식적인 특성을 가집니다.

'pursuant to', 'heretofore', 'whereas' 같은 고어체 표현들이 여전히 사용되는 이유는 정확한 의미 전달과 법적 안정성 때문입니다. 새로운 표현을 사용했을 때 해석상의 혼란이 생길 수 있기 때문에, 검증된 표현을 선호합니다.

법률 번역은 특히 어려운 분야입니다. 각국의 법률 체계가 다르기 때문에 완전한 대응 개념이 존재하지 않는 경우가 많습니다. 예를 들어, 영미법의 'common law'와 대륙법의 '성문법' 개념은 근본적으로 다른 법률 전통에서 나온 것입니다.

의료 언어의 국제성

의료 언어는 인류 공통의 건강 문제를 다루기 때문에 국제적 통일성이 매우 높습니다. 세계보건기구(WHO)의 국제질병분류(ICD)는 전 세계 의료진이 공통으로 사용하는 체계입니다.

해부학 용어는 거의 모두 라틴어에 기반하여 전 세계적

으로 통일되어 있습니다. 'femur'(대퇴골), 'sternum'(흉골), 'cerebrum'(대뇌) 같은 용어는 어느 나라 의사든 알고 있습니다.

의학 약어들도 국제적으로 통용됩니다. 'CT(Computed Tomography)', 'MRI(Magnetic Resonance Imaging)', 'ECG(Electrocardiogram)' 같은 약어는 전 세계 병원에서 사용됩니다.

교육 분야의 언어

교육학 분야는 심리학, 사회학, 철학 등 여러 분야의 영향을 받으면서 독특한 언어 체계를 발달시켜왔습니다.

'구성주의', '메타인지', '비판적 사고', '창의적 사고' 같은 개념들은 현대 교육의 핵심 가치를 반영합니다. 이러한 용어들은 교육 현장의 변화를 이끄는 동력 역할을 합니다. 평가 분야에서는 '형성평가', '총괄평가', '준거참조평가', '규준참조평가' 같은 전문 용어들이 사용됩니다. 이러한 구분은 교육의 질을 높이기 위한 체계적 접근을 가능하게 합니다. 최근에는 '에듀테크', '플립러닝', '블렌디드 러닝' 같은 새로운 용어들이 등장하고 있습니다. 이는 기술의 발달이 교육 방법의 변화를 이끌고 있음을 보여줍니다.

4-3
전문 언어 학습의 전략과 시사점

전문 분야의 언어를 효과적으로 학습하기 위해서는 단순한 용어 암기를 넘어, 해당 분야의 사고방식과 담화 구조까지 이해하는 접근이 필요합니다. 이를 위한 전략은 다음과 같습니다.

1. 맥락적 학습을 실천합니다.

전문 용어는 고립된 단어가 아니라 특정 상황과 논리 구조 안에서 의미를 갖습니다. 예를 들어, 의학 용어 'infarction'은 해부학적·생리학적 지식과 함께 이해해야 합니다. 문헌, 보고서, 논문 등 실제 사용 문맥을 분석하며 학습하는 것이 효과적입니다.

2. 실무 중심으로 접근합니다.

단순한 이론 학습보다 실제 업무나 연구에서 사용되는 표현과 절차를 익히는 것이 중요합니다. 전문 보고서 작

성, 프레젠테이션, 회의 시뮬레이션 등 실무 기반 활동을
통해 실질적인 언어 능력을 향상시킵니다.

3. 멘토링을 적극 활용합니다.

해당 분야의 현직 전문가나 상급 학습자와의 멘토링은
가장 효율적인 학습 방법입니다. 전문가와의 대화를 통해
실제 언어 사용의 뉘앙스와 관습을 체득할 수 있으며, 실
시간 피드백을 받을 수 있습니다.

4. 지속적으로 업데이트합니다.

전문 분야의 언어는 기술의 발전, 정책 변화, 연구 결과
등에 따라 지속적으로 진화합니다. 학술 저널, 산업 뉴스,
공식 보고서 등을 통해 최신 용어와 표현을 꾸준히 학습
합니다.

5. 다학제적 접근을 시도합니다.

현대 사회는 분야 간 경계가 흐려지고 있으며, 다양한
전문 용어가 융합되는 추세입니다. 예를 들어, '디지털 헬
스케어'나 '법률 인공지능'처럼 의학, 법률, 기술이 결합된
새로운 영역이 등장하고 있습니다. 여러 분야에 대한 기
본적인 이해는 새로운 언어 현상을 이해하는 데 도움이
됩니다.

전문 언어를 배우는 것은 '세계관'을 배우는 일

최근 언어교육 연구에서는 '목적별 언어교육(Language for Specific Purposes)'이 주목받고 있습니다. 학습자의 구체적인 필요와 목적에 맞춘 맞춤형 언어교육이 일반적인 언어교육보다 효과적이라는 연구 결과가 나오고 있습니다.

전문 분야별 언어의 이해는 단순히 해당 분야에서 일하기 위해서만 필요한 것이 아닙니다. 현대 사회는 고도로 전문화되어 있으며, 일반인도 의료, 법률, 금융, 기술 등 다양한 전문 분야와 접촉할 기회가 많아지고 있습니다. 이러한 상황에서 전문 언어에 대한 기본적인 이해는 현대인의 필수 소양이 되고 있습니다.

전문 분야별 언어의 탐구는 언어의 다양성과 창조성을 이해하는 좋은 기회가 됩니다. 각 분야가 자신만의 독특한 언어 세계를 구축해 나가는 과정을 관찰하는 것은 언어의 무한한 가능성을 깨닫게 해줍니다.

5장

선택권이 주는 자유와 행복

선택할 수 있다는 것은 인간에게 주어진 중요한 권리이며, 자유는 바로 그 선택의 가능성 안에서 실현됩니다.

우리는 매일 삶의 방향을 선택하며 살아갑니다. 어떤 언어로 생각하고 말할 것인지도 중요한 선택 중 하나입니다.

언어는 단순한 소통 수단이 아니라, 세계를 바라보는 창이자 사고의 틀입니다.

비트겐슈타인은 "언어의 한계는 곧 내 세계의 한계입니다"라고 말했습니다. 새로운 언어를 익히면 새로운 시각과 문화를 경험하게 됩니다.

다중 언어 능력은 사고의 유연성과 창의력을 키우고, 더 넓은 기회를 가능하게 합니다.

마지막 장에서는 다중 언어 능력의 인지적 효과, 언어적 자유의 철학적 의미, 선택의 자유가 주는 행복, 미래 사회에서의 언어 가치, 그리고 실천적 언어 학습에 대해 살펴봅니다.

언어를 통해 삶의 선택지를 넓히고, 자유롭고 주체적인 삶을 만들어가는 길을 함께 생각해 보고자 합니다.

다중 언어 능력과 언어적 자유

✦ ─── • • • ─── ◇ ─── • • • ─── ✦

선택권을 가질 수 있는 것은 엄청난 행복이다.
자유는 많은 선택권으로 다시 쓸 수 있다.

여러 언어를 구사할 수 있다는 것은 단순히 더 많은 사람과 소통할 수 있다는 의미를 넘어섭니다. 그것은 다양한 관점으로 세상을 바라볼 수 있는 능력을 의미합니다.

비트겐슈타인이 말했듯이 언어의 한계가 내 세계의 한계라면, 새로운 언어를 배운다는 것은 곧 자신의 세계를 확장하는 일입니다.

다국어 사용자에 대한 인지과학 연구에 따르면, 두 개 이상의 언어를 유창하게 구사하는 사람들은 단일 언어 사용자에 비해 창의적 사고 능력과 문제 해결 능력이 높은 것으로 나타났습니다. 이는 각각의 언어가 제공하는 고유한 사고 틀이 서로 상호작용하면서 인지적 유연성을 높이기 때문으로 분석됩니다.

현대 사회에서 언어 능력은 더욱 중요한 자산이 되고 있습니다. 글로벌화가 진행되면서 다양한 문화권의 사람들과 협업해야 하는 기회가 늘어나고 있기 때문입니다. 이때 단순히 언어적 소통 능력뿐만 아니라, 각 언어가 담고 있는 문화적 맥락을 이해하고 활용할 수 있는 능력이 요구됩니다.

2장에서 얘기했던 한국어의 '정'이라는 개념과 일본어의 '와비사비(侘寂)', 독일어의 'Gemütlichkeit' 같은 단어들은 각각의 문화적 맥락 없이는 진정한 의미를 파악하기 어렵습니다. 이러한 언어적 다양성을 항상 인지하고, 이를 이해하고, 활용할 수 있는 사람은 더 풍부한 세계관을 가질 수 있습니다.

비트겐슈타인의 언어 게임 이론에 따르면 각각의 언어는 독특한 세계관과 사고방식을 담고 있습니다. 따라서 여러 언어를 배운다는 것은 여러 개의 세계를 경험할 수 있는 기회를 얻는 것입니다. 이는 단순한 의사소통 도구의 확장을 넘어서 인간의 정신적 지평을 넓히는 일입니다.

또한 다국어 능력은 개인의 경제적 기회도 확대시킵니다. 최근 연구에 따르면, 다국어 구사자들은 단일 언어 사용자에 비해 평균적으로 더 높은 소득을 얻는 것으로 나타났습니다. 이는 언어 능력이 직업 기회의 확장과 직결되기 때문입니다.

언어적 자유는 표현의 자유이자 사고의 자유입니다. 한 가지 언어로만 생각하고 표현할 때와 여러 언어로 생각하고 표현할 때의 차이는 상당합니다. 이는 단순히 어휘의 확장을 의미하는 것이 아닙니다. 각 언어가 가진 고유한 사고 체계와 세계관을 습득하는 것입니다.

예를 들어, 한국어의 '눈치'라는 개념은 영어로 번역하기 어렵지만, 이 개념을 아는 것과 모르는 것 사이에는 큰 차이가 있습니다. 마찬가지로 영어의 'privacy'나 독일어의 'Bildung' 같은 개념들도 각각 독특한 사고의 영역을 열어줍니다.

사회언어학 연구에 따르면, 언어는 단순한 의사소통 도구가 아니라 사회적 정체성과 문화적 소속감을 형성하는 중요한 요소입니다. 여러 언어를 구사한다는 것은 여러 문화적 정체성을 가질 수 있는 가능성을 의미합니다. 이는 개인에게 더 큰 선택의 자유를 제공합니다.

현대의 디지털 시대에서 언어적 자유는 새로운 차원을 얻고 있습니다. 온라인 공간에서는 다양한 언어와 문화가 실시간으로 만나고 교류합니다. 이러한 환경에서 다국어 능력을 가진 사람은 더 많은 정보에 접근할 수 있고, 더 다양한 관점을 접할 수 있습니다.

비트겐슈타인이 말한 "언어의 한계가 세계의 한계"라는 명제를 뒤집어 생각해보면, "언어의 확장은 곧 세계의 확장"입니다. 새로운 언어를 배울 때마다 우리의 세계는 조금씩 더 넓어집니다. 이는 단순한 실용적 이익을 넘어서 인간 존재의 본질적 확장을 의미합니다.

5-2.
언어의 자유가 가져다주는 행복

언어적 다양성이 개인에게 가져다주는 가장 큰 혜택 중 하나는 선택의 자유입니다. 여러 언어를 구사할 수 있다는 것은 다양한 상황에서 가장 적절한 언어를 선택할 수 있다는 의미입니다. 이는 단순히 의사소통의 효율성을 높이는 것을 넘어서 자아 표현의 폭을 넓히는 일입니다.

각 언어는 고유한 감정의 스펙트럼을 가지고 있습니다. 어떤 감정이나 생각은 특정 언어로 표현할 때 더 정확하고 풍부하게 전달될 수 있습니다. 다국어 사용자는 이러한 언어적 특성을 활용하여 자신의 내면을 더 정확하게 표현할 수 있습니다.

또한, 언어 선택의 자유는 사회적 정체성의 유연성을 제공합니다. 상황에 따라 다른 언어를 사용함으로써 다른 문화적 정체성을 드러낼 수 있습니다. 이는 개인이 더 복합적이고 다층적인 자아를 형성할 수 있게 도와줍니다.

현대 심리학 연구에서는 선택의 자유가 개인의 행복감과 밀접한 관련이 있다고 보고하고 있습니다. 언어적 선택권을 가진 사람들은 자신의 삶에 대한 통제감을 더 크게 느끼며, 이는 전반적인 삶의 만족도 향상으로 이어집니다.

특히 이민자나 해외 거주자들의 경우, 모국어와 현지어를 자유롭게 구사할 수 있는 능력은 정체성의 혼란을 줄이고 적응력을 높이는 중요한 요소가 됩니다. 언어적 선택권은 이들에게 문화적 뿌리를 유지하면서도 새로운 환경에 적응할 수 있는 균형점을 제공합니다.

앞으로 다가올 미래 사회에서 언어적 자유의 중요성은 더욱 커질 것으로 예상됩니다. 인공지능과 기계번역 기술의 발달로 언어 장벽이 낮아지고 있지만, 이는 오히려 인간의 언어 능력이 가진 고유한 가치를 더욱 부각시키고 있습니다.

기계번역이 아무리 발달해도 언어가 담고 있는 문화적 뉘앙스와 감정적 미묘함을 완전히 재현하기는 어렵습니다. 따라서 진정한 의사소통과 문화적 이해를 위해서는 여전히 인간의 언어 능력이 필요합니다.

가상현실과 증강현실 기술의 발달로 언어 학습의 방법도 혁신적으로 변화하고 있습니다. 이러한 기술을 활용하면 실제 해당 언어권에 가지 않고도 몰입형 언어 학습 경험을 할 수 있게 됩니다. 이는 언어 학습의 접근성을 크게 높일 것입니다.

미래의 글로벌 사회에서는 단순히 여러 언어를 구사하는 것을 넘어서, 각 언어가 담고 있는 문화적 지혜와 사고방식을 이해하고 활용할 수 있는 능력이 더욱 중요해질 것입니다. 이는 인간의 창의성과 혁신 능력의 원천이 될 것입니다.

5-3
실천적 언어 학습 전략과 철학적 태도

언어적 자유를 실현하기 위해서는 체계적이고 지속적인 언어 학습이 필요합니다. 하지만 이는 단순한 암기나 문법 지식의 축적만을 의미하지 않습니다. 진정한 언어 학습은 해당 언어가 담고 있는 문화적 맥락과 사고방식을 이해하고, 그 언어가 형성하는 세계관을 받아들이는 철학적 실천입니다.

언어 학습의 시작점은 동기의 전환입니다.

시험이나 평가 중심의 학습은 단기적인 성과에 집중하게 하고, 지속적인 몰입을 방해합니다. 언어를 배운다는 것은 새로운 세계를 탐험하고, 나의 사고 범위를 넓히며, 타자의 삶과 생각을 이해하는 하나의 확장 행위입니다. 따라서 언어 학습은 결과가 아니라 삶의 한 방식이 되어야 합니다.

언어는 본질적으로 사회적 활동입니다.

개인이 혼자 단어와 문장을 외우는 것으로는 실제 언어의 사용성을 익히기 어렵습니다. 언어는 사람과 사람 사이의 관계 속에서 살아 움직이며, 의미는 문맥과 상호작용 속에서 발생합니다. 따라서 외국어 학습 역시 타인과의 관계 속에서 이루어져야 하며, 언어 교환 파트너와의 대화, 실제 원어민과의 교류, 커뮤니티 활동을 통해 실질적인 언어 감각을 익혀야 합니다. 이러한 사회적 맥락에서의 언어 학습은 문화적 감수성과 비언어적 표현 능력도 함께 키워줍니다. 말은 언어 게임이기도 하며, 각각의 언어는 고유한 규칙과 관습 속에서 사용됩니다. 학습자는 단순히 규칙을 외우는 것이 아니라, 그 규칙이 작동하는 문화를 몸으로 이해하고 내면화해야 합니다.

현대 사회에서는 디지털 도구를 활용한 언어 학습이 활발하게 이루어지고 있습니다. 언어 교환 애플리케이션, AI 기반 번역기, 발음 인식 프로그램, 온라인 강의 플랫폼 등은 개별 학습자의 수준과 목적에 따라 다양하게 구성될 수 있습니다. 하지만 기술은 보조 수단일 뿐이며, 주체적인 학습자로서 스스로 언어 환경을 만들고 조정해 나가는 실천이 중요합니다.

무엇보다 중요한 것은 완벽함에 대한 강박에서 벗어나는 것입니다.

언어는 실수 없이 배울 수 없습니다. 오히려 실수를 통해 자신의 언어 감각이 점검되고 조정되며, 그 과정 속에서 자기만의 언어가 형성됩니다. 비트겐슈타인이 말한 것처럼, 언어의 의미는 그것의 '사용'에 있으며, 학습자는 실수를 포함한 사용 속에서 언어를 익히고 발전시켜 나갑니다.

언어 학습은 마라톤과 같습니다.

단기간에 결과를 기대하기보다 장기적 관점에서 점진적 성장을 추구해야 합니다. 실수와 시행착오는 학습자의 성장 과정이며, 그 안에서 감정적 회복력과 자기 신뢰도 함께 형성됩니다. 실수를 두려워하지 않고, 오히려 그것을 성찰의 기회로 삼는 태도가 실천적 언어 학습의 핵심입니다.

결국 언어를 배운다는 것은 하나의 삶의 양식을 배우는 일이며, 자기 표현과 타자 이해의 가능성을 넓히는 일입니다. 완벽하게 말하는 사람보다 계속 말하려는 사람, 스스로 배우고자 하는 사람, 타자의 언어를 존중하고자 하는 사람이 언어 학습자로서의 진정한 자질을 갖추었다고 할 수 있습니다.

언어 학습의 마지막 목적지는 시험이 아니라 소통이며, 언어를 통해 더 깊은 나와 더 넓은 세계를 만나는 일입니다. 이러한 철학적 태도를 바탕으로 언어를 배우고 익히는 과정은 개인의 삶을 풍요롭게 만들며 우리 모두가 더 열린 세계로 나아가는 통로가 됩니다.

결론
언어로 열어가는 새로운 세계

비트겐슈타인이 남긴 "언어의 한계가 내 세계의 한계이다"라는 명제는 현대를 살아가는 우리에게 여전히 깊은 통찰을 제공합니다. 이는 단순히 철학적 사변에 그치는 것이 아니라, 우리의 일상적 경험과 직결되는 실천적 지혜입니다.

언어를 배운다는 것은 새로운 의사소통 도구를 익히는 것을 넘어서 새로운 세계관을 체득하는 과정입니다.

각각의 언어는 고유한 문화적 DNA를 담고 있으며, 이를 통해 우리는 인간 경험의 다양성과 풍부함을 더 깊이 이해할 수 있게 됩니다.

이 책에서 탐구한 바와 같이 외국어 학습에 대한 두려움은 미지에 대한 자연스러운 반응이지만, 이를 극복하고 언어의 깊이를 탐험해 나갈 때 우리는 더 큰 자유와 행복을 얻을 수 있습니다. 언어적 다양성이 제공하는 선택권은 현대 사회에서 개인의 가능성을 무한히 확장시켜 주는 열쇠가 됩니다.

특히 급변하는 현대 사회에서 언어 능력은 단순한 기술적 역량을 넘어서 창의성과 혁신의 원천이 되고 있습니다. 다국어 사용자들이 보여주는 인지적 유연성과 문제 해결 능력은 미래 사회가 요구하는 핵심 역량과 일치합니다.

비트겐슈타인의 철학적 통찰을 현대적으로 재해석하면, 언어의 확장은 곧 존재의 확장이며, 새로운 언어를 배울 때마다 우리는 조금씩 더 완전한 인간이 되어갑니다. 이는 개인의 성장뿐만 아니라 인류 문명의 발전에도 기여하는 일입니다.

앞으로 인공지능과 기계번역 기술이 더욱 발달할 것이지만, 이는 인간의 언어 능력을 대체하는 것이 아니라 오히려 그 고유한 가치를 더욱 부각시킬 것입니다. 진정한 소통과 이해는 여전히 인간의 언어적 감수성과 문화적 통찰을 통해서만 가능하기 때문입니다.

따라서, 우리는 언어 학습을 두려워하지 말고 적극적으로 받아들여야 합니다. 새로운 언어로의 여행은 때로는 험난할 수 있지만, 그 끝에서 만나게 될 새로운 세계의 아름다움은 모든 노력을 보상하고도 남을 것입니다.

언어를 통해 열리는 무한한 가능성의 세계로 용기 있게 첫걸음을 내딛어 보시기 바랍니다.

판권지

언어와 철학 – 비트겐슈타인과 함께하는 언어 공부

발 행 일 | 2025년 11월 22일
저　　자 | 작테

발 행 인 | 이숙영
발 행 처 | 호호북앤드림
출판등록 | 제2024-000020호
주　　소 | 부산시 부산진구 백양대로 255
연 락 처 | 0507-1480-1929
이 메 일 | kikikibook@naver.com

종이책 ISBN 979-11-993794-3-5(03100)
ePub　ISBN 979-11-993794-0-4(05160)
한국출판문화사업진흥원의 〈2025년 전자책 제작 지원 사업〉 선정작입니다.

호호북앤드림